价格宏观调控法律制度研究

田 杨 著

群众出版社
中国人民公安大学出版社
·北 京·

图书在版编目（CIP）数据

价格宏观调控法律制度研究/田杨著．—北京：群众出版社，2019.5

ISBN 978-7-5014-5938-4

Ⅰ.①价…　Ⅱ.①田…　Ⅲ.①价格—宏观经济调控—价格法—研究　Ⅳ.①D912.294.4

中国版本图书馆 CIP 数据核字（2019）第 062728 号

价格宏观调控法律制度研究

田　杨　著

出版发行：群众出版社
地　　址：北京市西城区木樨地南里
邮政编码：100038
经　　销：新华书店
印　　刷：北京市泰锐印刷有限责任公司

版　　次：2019 年 5 月第 1 版
印　　次：2019 年 5 月第 1 次
印　　张：5.75
开　　本：880 毫米×1230 毫米　1/32
字　　数：110 千字

书　　号：ISBN 978-7-5014-5938-4
定　　价：23.00 元

网　　址：www.qzcbs.com
电子邮箱：qzcbs@ sohu.com

营销中心电话：010-83903254
读者服务部电话（门市）：010-83903257
警官读者俱乐部电话（网购、邮购）：010-83903253
法律图书分社电话：010-83905745

前　言

在市场经济体制下，由价格机制失灵进而引发的市场失灵是一种常态现象。市场经济运行的实践已经反复告诉我们，影响价格机制的因素虽然很多，但价格总水平的变化却是其中的关键因素之一。正因如此，以矫正价格机制失灵为目的的价格宏观调控——价格总水平的调控，就显得尤为重要和必要。虽然，自我国选择社会主义市场经济体制以来，一直高度重视价格宏观调控的作用。然而，现实的情况是：近年来，针对物价的持续上涨，价格总水平的不断攀升，我国政府颁布了多项政策，采取了多种措施，但物价上涨的势头却没有得到有效遏止。特别是对价格总水平产生重要影响的房地产价格、医药价格等，虽经多方努力，其涨势仍未真正“刹车”。可以说，价格宏观调控的效果远远没有达到人们的预期。而规定我国价格宏观调控法律制度的

《价格法》，从颁布施行至今已二十余年，原有的规定显然已经不能适应我国现实经济发展的需要。现实存在的困境以及法律制度的不尽完美，给经济法学的研究提出了挑战。由是，通过构建完善的法律制度解决价格宏观调控中存在的诸多问题，已经成为经济法学研究者们的一项重要任务。

正是基于现实的需要，本书拟以“价格宏观调控法律制度”为题，试图通过对价格宏观调控法律制度较为系统的研究，为价格宏观调控的法治化提供理论支持，并试图为我国价格宏观调控法律制度的完善探索路径并提供具体建议。

本书共分为七个部分：第一章为导论，主要介绍了选题背景及意义、国内外研究现状、研究思路和研究方法以及可能的创新与不足之处等。

第二章为价格宏观调控与价格宏观调控法律制度的界定。本章首先分析了宏观调控语境下“价格”的内涵，提出对此语境下的“价格”要作广义理解，包括影响价格总水平的所有商品和服务的价格；并对价格宏观调控作出界定，指出价格宏观调控不仅是针对价格总水平的调控，还包括为实现价格总水平的稳定而对具体商品和服务价格进行的调控；在此基础上进一步阐析价格宏观调控法律制度的概念与特征以及它的主要内容，从而为具体研究价格宏观调控法律制度提供逻辑基础。

第三章为价格宏观调控法律制度的理论基础与价值取向。价格宏观调控法律制度的创设不仅仰仗现实的必要性，而且也必须凭借更深刻的学理支撑。本章从经济学、政治学、法学的角度探讨了价格宏观调控法律制度的理论基础，并进一步探求其价值取向为：实质公平价值、秩序和谐价值、社会整体效率价值、保障民生价值。

第四章为发达国家价格宏观调控法律制度及其启示。市场经济发达国家在价格宏观调控及价格宏观调控法律制度的建设方面积累了丰富的经验，这对正处于转型期的中国而言，具有可资借鉴的意义。本章在阐述美国、法国、日本等国家价格宏观调控法律制度主要内容和特点的基础上，得出以下启示：发达市场经济国家在价格宏观调控领域，一方面有完备的价格法律体系，其中详尽的法律条款增加了实践的可操作性，严格的法律责任增强了对违法行为的威慑力；另一方面又设立了专门的机构行使价格监督管理的权力；除此之外，在非常时期政府还会及时颁布法令来直接调控价格。

第五章为我国价格宏观调控法律制度及其存在的主要问题。本章首先回顾了我国价格宏观调控法律制度形成的历史变迁，再根据前文的论述并结合我国价格法（广义）的规定概括出我国价格宏观调控法律制度的主要内容，在此基础上分析了我国现行价格宏观调控法律制度存在的主要问题。

第六章为完善我国价格宏观调控法律制度的思考。从减少立法的层次和成本以及法律体系的完整性出发，笔者不主张就价格宏观调控法律制度制定诸如价格宏观调控条例等专门性的立法，而建议仍将其规定在《价格法》当中。本章根据前文的论述，提出了对价格宏观调控法律制度完善的具体建议。

最后一部分为结语。

价格宏观调控法律制度，是一个相当广泛而复杂的问题，其复杂程度和需要研究的内容之丰富远非本书所能囊括。因此，本书只是一个阶段性的研究成果，诸多不及深入讨论的问题，需要在今后的学习和工作实践中做更进一步的研究。

2018 年 11 月

目　录

第一章　导　论

一、选题背景及意义

（一）选题背景

价格宏观调控是现代经济社会“司空见惯”的活动，似乎没有必要对其过多地“指手画脚”。然而，从法律角度观之，价格宏观调控的效果却远远没有达到人们的预期，诸多法律问题还有待学界的探讨和实践的验证，价格宏观调控法治化的道路还很漫长。具体而言，笔者选择价格宏观调控法律制度这一研究主题，主要基于以下三个方面的原因：

1. 现实的启发

近几年，物价的快速上涨引起了人们的广泛关注。从房价的飙升，到物价的结构性上涨，再到我国居民消费价格指数（CPI）的不断攀升，直至最近副食品价格的快速上涨，CPI 仍在高位运行，老百姓也切身体会到价格上涨对其生活的重大影响。涨价，已经不仅仅是经济问题，更是涉及法律、人文、社会的综合性问题。在这样的背景下，国务院和各级地方政府纷纷颁布并实施各项价格宏观调控政策，运用多种手段抑制物价的过度上涨，以确保价格总水平的稳定和经济的良好运行。然而，价格问题却越来越突出，仿佛政府越调控，价格越是涨得厉害，涨声一片，不绝于耳。

在互联网上，曾有一场关于房价是否过高的辩论引起大家的广泛关注。辩论的一方为房地产开发商代表任志强，另一方为经济学家赵晓。辩论的焦点是当前的房价水平是否合理。从论战的结果来看，两人的支持率相差非常悬殊，认为房价过高并支持赵晓的占 91.53%，而认为当前房价合理，支持任志强观点的仅为 8.47%。① 根据国家统计局发布的最新数据显示，截至 2017 年 12 月末，全国商品房待售面积达 58923 万平方米，② 其中，商品住宅待售面积 30163 万平方

① 任志强，赵晓．激辩当前房价究竟合不合理[EB/OL].http://finance.qq.com/a/20051130/000057.htm.

② 国家统计局曾在 2005 年 12 月第一次公布了关于全国商品房空置率的统计数据：到 2005 年 10 月末，全国商品房空置面积达 1.12 亿平方米，其中商品住宅空置面积为 6204 万平方米，商业地产空置面积上半年为 2878 万平方米。全国商品房空置率已达到 26%，大大超过国际公认的 10%的警戒线。后来，国家统计局于 2010 年 8 月 10 日发布消息称，将商品房空置面积分类指数更名为商品房待售面积分类指数。

米。① 一边是5亿多平方米的商品房等待销售，另一边是房价过高致使大量迫切需要住房的居民买不起房子。

不仅仅是房地产价格，在农产品、日用消费品、公共产品等领域，人们总是眼巴巴地看着价格越来越高，自己的钱包却越来越薄，很多商品更是出现离谱的“疯涨”。“豆”你玩、“蒜”你狠……轮番登场，可谓一波未平一波又起。人们不禁疑惑，到底是哪里出了问题，“价格”仿佛成了脱缰的野马，政府对它束手无策。

2. 理论研究的薄弱

我国法学理论界对经济法、宏观调控法的研究如火如荼，虽然在某些方面学界尚存异议，但正是在这不断的争鸣中相关理论才能得以发展和成熟。然而，在宏观调控法律制度的研究中，价格宏观调控法律制度却似乎成了被学者们遗忘的一角，鲜有论及。据笔者掌握的资料来看，我国目前没有一部专门研究价格宏观调控法律制度的著作，即使是在众多的经济法教材中，相关章节也基本以《价格法》为中心展开，对价格宏观调控法律制度往往仅作简单的介绍。与此同时，在各类期刊杂志上，相关论文也不多见。笔者仅在中国知网（CNKI）期刊论文数据库（1979~2018年）中检索到

---

① 国家统计局．中华人民共和国2017年国民经济和社会发展统计公报．http：//www.stats.gov.cn/tjsj/zxfb/201802/t20180228_1585631.html，2018-02-28.

一篇名为《价格宏观调控法律问题研究》的硕士论文。人们普遍熟知宏观调控法律制度，却不一定知晓宏观调控法律制度中的价格宏观调控法律制度。实践中，人们对于价格宏观调控法律制度往往存在着似乎人人都能说却又常常说不清、道不明的尴尬情形。

3. 制度的缺陷

我国现有的价格宏观调控法律制度主要来源于《价格法》中对“价格总水平调控”一章的规定。然而，我国《价格法》自 1998 年颁布施行以来，已经过了 20 多个年头。在这 20 余年中，我国的社会经济环境发生了重大变化，《价格法》原有的关于价格宏观调控的规定，在一些方面已经不能适应市场经济发展水平的要求。因此，需要总结价格宏观调控法律制度在实践中的成功经验，审视其存在的不足，并在此基础上探索完善的路径、方法及具体的完善措施。只有如此，才能更好地发挥价格宏观调控法律制度应有的作用。

（二）选题意义

对价格宏观调控法律制度的研究，具有重要的理论意义和实践意义。

1. 理论意义

（1）探索价格宏观调控法律制度的理论框架。据笔者可查范围内的资料显示，目前我国没有关于价格宏观调控法律制度的系统性研究。因此，本书在这一方面将做一次尝试，意在确立一个价格宏观调控法律制度的基本框架，为今后进一步深入研究奠定基础。

（2）深化宏观调控法律制度的理论研究。价格宏观调控法律制度作为宏观调控法的构成部分，在市场经济当中有着举足轻重的意义。对其进行系统的研究，既可充实宏观调控法的基本理论，也可进一步完善宏观调控法的理论体系，乃至经济法的理论体系，从而可以拓展和深化经济法学理论之研究。

（3）为政府价格宏观调控法治化提供理论支撑。价格作为政府宏观调控的常用手段，必须在获得法律授权的同时对之设定权力边界和约束，价格宏观调控行为的法治化是宏观调控法研究追求的首要目标。因此，对价格宏观调控法律制度进行系统的研究，有助于厘清政府宏观调控行为的权力边界，为价格宏观调控的法治化提供理论上的支持。

2. 实践意义

（1）有利于保障市场安全，促进经济的可持续发展。市场失灵、经营风险、经济危机与价格机制的运行密切相关，如何利用价格宏观调控克服市场缺陷、防范经济危机、确保市场的稳定与发展，是当代社会的重要课题。本书通过对价格宏观调控法律制度的系统性研究，尤其是就价格宏观调控法律制度的完善提出相应的对策，将有助于促进和保障价格宏观调控的科学性和有效性，从而更好地保障市场安全，促进经济的可持续发展。

（2）有利于保障民生，促进社会的和谐稳定。价格是市场经济运行中涉及国计民生的一个重要且敏感的因素，价格宏观调控则是我国宏观调控部门广泛采用而老百姓也十分关注的举措。因此，本书的研究不仅可以为我国价格宏观调控的实践提供决策参考，也可以为我国价格宏观调控法律制度的完善提供建议，从而有利于保障民生，促进社会的和谐稳定。

（3）有利于经济法体系的进一步完善。作为中国特色社会主义法律体系的重要组成部分，经济法在我国经济社会建设中有着举足轻重的地位。但是，经济法自身的体系却并非尽善尽美，尤其是经济法的时代性要求经济法必须与时俱进，在经济社会建设中不断地更新和完善。本书较为全面、系统地讨论价格宏观调控法律制度并提出完善该制度的相应对策，对我国《价格法》的完善乃至整个经济法体系的完善具有积极的意义。

二、国内外研究现状

（一）国外研究现状

“宏观调控”“宏观调控法”“价格宏观调控”“价格宏

观调控法”是我国特有的术语，在国外并无相应术语与之对应。① 因此，在外文文献中，几乎没有关于价格宏观调控法律制度的直接理论资源。在国外有关价格的研究中，与价格宏观调控法律制度可能相关的包括价格管制、价格监管等方面，而且相应的研究成果也都集中于经济学、政治学、社会学等学科领域。

（二）国内研究现状

我国学界关于价格宏观调控的研究成果也不多见，已有的研究也都主要集中于宏观经济学、政治经济学、管理学等领域，法学领域的研究成果相对更少。根据笔者可查范围内的资料，从公开发表的论文和出版的著作来看，到目前为止，国内的研究状况大体可以归纳为以下几个方面：

---

① 在国外，经济学中有宏观经济、宏观经济学等概念，却没有宏观调控、宏观调控法等术语。宏观经济学（Macroeconomics），是使用国民收入、经济整体的投资和消费等总体性的统计概念来分析经济运行规律的一个经济学领域。宏观经济学是相对于古典的微观经济学而言的，它是约翰·梅纳德·凯恩斯的《就业、利息和货币通论》发表以来快速发展起来的一个经济学分支。虽然国外针对宏观经济学的研究比较充分，但就笔者掌握的资料来看，国外并没有宏观调控、宏观调控法的提法。同时，在国外，价格学领域十分令人关注，我国也是如此，有关价格学的经济学教材、专著，并不鲜见。然而，价格宏观调控以及价格宏观调控法律制度等术语，却很难在国外相关论著中查到，在我国也只是偶尔出现在少数法学教材、论文和著作之中。

1. 关于价格宏观调控的对象

关于价格宏观调控的对象，有学者认为应当以价格总水平作为价格宏观调控的对象，因为价格总水平是国民经济的综合反映，对价格总水平实施调节和控制，防止其剧烈波动，既是国家进行宏观经济调控的重要目标，也是价格调控的核心内容。① 还有学者认为价格总水平是由众多个别商品的价格相互联系、相互作用综合而成，许多个别商品价格的波动必然会影响价格总水平的波动，而价格总水平的波动又必然体现在不同商品价格的波动上，因此，现代市场经济的价格宏观调控，既包括了对价格总水平的调控，还包括为稳定价格总水平而对部分具体商品和服务价格的调控。② 还有学者对价格宏观调控中的价格作进一步细化，认为价格宏观调控中的价格是指商品和服务的价格，这里的商品是指各种

---

① 持有这种观点见李昌麒．经济法学［M］．北京：中国政法大学出版社，2017：402-403；程宝山．经济法学［M］．郑州：郑州大学出版社，2016：213；杨紫烜．经济法［M］．北京：北京大学出版社，2010：644；顾功耘．经济法教程［M］．上海：上海人民出版社，2006：318；漆多俊．宏观调控法研究［M］．北京：中国方正出版社，2002：367；刘定华，肖海军．宏观调控法律制度研究［M］．北京：人民法院出版社，2003：433.

② 陈学彬．价格宏观调控论［M］．上海：上海财经大学出版社，1995：33.

有形产品或实物产品，服务是指各种有偿服务。① 对此，有学者持不同意见，认为在新时期，商品和服务价格与要素价格、资金价格相互联系、相互作用，共同对市场价格总水平产生影响。因此，价格宏观调控的对象不再是一般所说的商品和服务价格，而是包括要素价格和资金价格在内的广义价格。② 还有学者分析认为我国正在进入一个高成本的时期，价格的上涨以成本推动为主要特征，价格上涨并不仅仅表现为商品和服务价格的结构性上涨，而是表现为资金价格、要素价格、资产价格的同时上涨；从调控的范围看，不仅有实体经济价格的上涨，而且有虚拟经济价格的上涨；价格调控的对象不仅是市场和商品价格，更重要的是信息、知识和服务等生产要素价格。③

2. 关于价格宏观调控的手段

长期以来，学者们根据我国《价格法》的规定，将价格宏观调控的手段概括为经济调控手段、行政调控手段、法律

---

① 许光建．论价格总水平调控［M］．北京：中国物价出版社，2003：10.

② 戚军伟，金福海．价格宏观调控的法律定位［A］．张卫华．市场规制与宏观调控法律热点问题研究［C］．北京：中国人民公安大学出版社，2009：226.

③ 温桂芳．新时期价格宏观调控要有新思路［J］．价格理论与实践，2007（1）：17.

调控手段，并且认为这三大手段是并行不悖的。① 对此，有不少学者提出不同的意见。有学者认为，法律手段既是政府进行宏观调控的直接手段，也是行政手段与经济手段的前提和基础，没有了法律的授权，政府的宏观调控就失去了合法性。② 还有学者认为，经济手段、行政手段和法律手段虽各有侧重，但又互相配套、互相配合。法律手段本身，既是独立的宏观调控手段，同时又渗透、贯穿到其他调控手段中去，法律手段规制经济手段和行政手段的合法性，并用国家强制力予以保障。但是法律手段在带来稳定性的同时，又不可避免地存在僵化的缺陷，经济上有效的宏观调控不一定合法。对于宏观调控“合法性”和“合理性”的冲突，应使宏观调控行为兼具合法性和合理性，对于经济上有合理性的宏观调控，必须考虑如何在制度上予以保障，赋予其合法性，具体到宏观调控手段上，就是宏观调控的法律手段要和经济手段、行政手段紧密结合、彼此依存。③ 还有学者认为，在法治社会中，行政和经济手段都必须在法律允许的范围内才能作出，也只有在法律的认可和保护下才能实施。法治与市

① 刘定华，肖海军．宏观调控法律制度研究［M］．北京：人民法院出版社，2003：434.

② 乔新生．宏观调控中经常被误用的三个概念［J］．中国特色社会主义研究，2005（2）：52.

③ 刘大洪，夏航．宏观调控法的经济学透视［A］．漆多俊．经济法论丛［C］．北京：中国方正出版社，2003.

场经济的关系决定了经济和行政手段，最终都应纳入法治化的轨道。因此，在本质上，经济手段和行政手段只有依照法律的程序决策和实施，或者只有经过法律的认可，才能合法地存在并具有运行根据。在此意义上，经济和行政手段都是法律手段。① 还有学者更加明确地指出，法治经济不允许存在超法律的经济手段和超法律的行政手段。宏观调控主要采取经济手段，实质上就是主要采取以法律为形式的经济手段或者法律化的经济手段；宏观调控也要辅以必要的行政手段，实质上就是也要辅以法律为形式的行政手段或法律化的行政手段。国家无论是运用经济杠杆，还是使用行政手段，都应该采取法律的形式，所以法律处于一个相对高的层次。②

3. 关于价格宏观调控的理论基础

关于价格宏观调控的理论基础，有的学者进行了论证。漆多俊教授在《宏观调控法研究》一书中指出，一般来说，政府调控市场价格的理论基础有以下几种观点：（1）市场失败论。这种观点认为，市场不是万能的，在现实中还存在着“市场失败”的领域。在这些领域，就不再适用市场价格制度，而是由政府进行干预。导致市场失败的因素主要有：公共或公用物品、外部经济、自然垄断、不完全竞争、信息不

① 李昌麒，胡光志．宏观调控法若干基本范畴的法律分析［J］．中国法学，2002（2）：15.

② 杨紫煊．加强经济立法，完善宏观调控［A］．刘文华．宏观调控法制文集［C］．北京：法律出版社，2002：40.

对称以及风险。(2) 公共利益论。这种理论或明或暗地包含着这样一个假设：市场是脆弱的，如果放任自流就会趋向不公正和低效率，而政府的规制是对社会的公正和效率需求所做的无代价、有效和仁慈的反应。(3) 俘获理论。该理论与公共利益论相反，认为经济规制主要不是政府对公共需要的有效和仁慈的反应，而是行业中的一部分企业利用政府权力为自己谋利益的一种努力，因此，规制是无用的。(4) 寻租理论。尽管从个人观点来看，寻租行为是合理的，但它造成了社会浪费，因此需要政府进行调控。最后得出结论，无论从任何角度而言，国家都有必要对价格进行宏观调控和干预。① 还有学者从经济学、法学、社会学三方面探讨了价格宏观调控的理论基础。该学者指出，“市场失灵”的存在是政府进行价格宏观调控的经济学基础；经济法及其重要组成部分宏观调控法成为价格宏观调控的法学基础和依据；物价总水平的稳定关系着经济秩序的稳定、人心的稳定、政治与社会的稳定，因而以价格总水平的稳定为目标的价格宏观调控就具有了社会学的意义。②

4. 关于价格宏观调控法律制度的构成

对于价格宏观调控法律制度的构成，学界有不同观点。

---

① 漆多俊. 宏观调控法研究［M］. 北京：中国方正出版社，2002：339-342.

② 徐丽红. 价格宏观调控法律问题研究［M］. 北京：中国社会科学出版社，2013：16-23.

有学者认为，价格宏观调控法律制度包括重要商品储备和价格调节基金制度、价格监测制度、农产品保护价格制度、价格干预措施、价格紧急措施。① 有学者认为，价格宏观调控法律制度包括重要商品储备制度和价格监测制度，而价格干预和价格紧急措施是价格总水平的调控措施而没有纳入价格宏观调控法律制度范畴。② 有学者认为，价格调控制度包括保护价格制度、调节基金和商品储备制度以及价格监控制度。③ 还有学者认为，价格宏观调控法内容涉及政府的定价行为包括政府价格决策听证行为、对价格总水平的调控、制止价格垄断行为以及非常时期落实价格干预措施和紧急措施。④ 还有学者根据价格总水平调控的需要，归纳出价格宏观调控法律制度包括价格监测制度、重要商品储备和价格调节基金制度、农产品保护价格制度、临时干预措施和紧急干预措施。⑤ 此外，还有学者根据我国《价格法》第四章对价

---

① 程宝山. 经济法学 [M]. 郑州：郑州大学出版社，2016：213-214.

② 黄锡生，孟庆瑜. 经济法学 [M]. 重庆：重庆大学出版社，2010：142-143.

③ 李力. 宏观调控法律制度研究 [M]. 南京：南京师范大学出版社，1998：289-291.

④ 卢炯星. 宏观经济法 [M]. 厦门：厦门大学出版社，2005：460.

⑤ 刘定华，肖海军. 宏观调控法律制度研究 [M]. 北京：人民法院出版社，2003：435-438.

格总水平的规定，概括出价格宏观调控法律制度包括价格监测制度、重要商品储备制度、价格调节基金制度、保护价格制度、价格干预措施和紧急干预措施。①

5. 关于我国现行价格宏观调控法律制度存在的问题及其完善

我国《价格法》关于价格宏观调控的规定，显然已经不能适应日益成熟的市场经济体制的要求，因此，学者们对现行价格宏观调控法律制度存在的问题及完善提出了建议。有学者认为，现行的价格宏观调控制度并不全面，在某些方面甚至可以说存在诸多漏洞，主要表现在：现行调控制度过多地关注对传统商品价格的调整，而对影响价格变动的新商品价格缺乏调控；现行调控制度过多地关注对价格水平的直接调整，而没有考虑价格形成的结构性因素；现行调控制度过多地关注了国内市场价格的变动，而对国际市场价格变动的预警和反映相对滞后。针对现行价格宏观调控机制存在的上述问题，该学者认为，要完善价格宏观调控立法，应强调各种调控手段的综合运用，全方位实施价格宏观调控政策，具体表现在：一是要修改价格法或者制定宏观调控法，将实施宏观价格调控的各种手段法律化、规范化，并使之具有足够的可操作性；要限制行政手段在宏观调控中的作用，同时也

---

① 李昌麒．经济法学［M］．北京：中国政法大学出版社，2017：403-404.

要注重宏观价格调控中运用的经济手段、法律手段的综合平衡以及各种经济手段和法律手段内部的综合平衡。二是要从单方向的重视对通货膨胀下价格的宏观调控，向既注重通货膨胀下的价格宏观调控，也注重通货紧缩下的价格宏观调控的转变，要总结国内外已有的价格宏观调控经验，寻求在通货紧缩的情况下提升消费需求，维护价格正向稳定的创造性方法；同时，对于旨在调控价格的各种经济政策如利率、财政、税收、货币等手段的运用，要形成一个科学决策、审慎推行的制度架构，避免各种适得其反的调控情况发生。① 有学者认为，公共产品的价格，不能全由市场调节，对于公共产品，尤其是纯公共产品应实行政府定价或政府指导价，并提出完善我国公共产品价格宏观调控体系的路径选择：建立公共产品市场主体价格风险分担机制、强化价格法律保障机制、完善价格听证制度和加快政府职能的转变。② 还有学者认为，健全价格宏观调控体系的主要措施有：加快价格宏观调控法制建设，完善价格宏观调控法规体系；加强基础产品价格宏观调控，提高政府价格宏观调控能力；建立价格约束机制，规范市场价格秩序；改进价格行政管理，提高政府定价的科学性；健全价格宏观调控辅助系统，构建价格宏观调

---

① 郭宗杰．试论我国价格宏观调控的现状及现代化路径［J］．价格月刊，2005（7）：21-22.

② 徐丽红．浅议我国公共产品的价格宏观调控［J］．中共山西省委党校学报，2006（6）：50-51.

控支撑平台。特别应加强价格信息与监测体系建设，完善成本调查与认证制度，改善价格传递和预警分析系统，加强农产品价格宏观调控，加强对药品、商品房、电信价格、公用事业价格和公益性收费的宏观调控，健全价格与市场监督网络，配套实施价格宏观调控政策。①

除此之外，有关价格宏观调控法律制度的研究还散见于经济法学、行政法学、经济学的专著、教材和学术论文之中。比如：汪洋主编的《价格理论与价格管理》、周春主编的《市场价格机制与生产要素价格研究》、温桂芳主编的《新市场价格学》、石建社主编的《宏观价格管理》、刘学敏的《中国价格管理研究——微观规制和宏观调控》和《中国经济改革的经济学思考》、叶姗的《促进物价稳定的法律制度研究》、邱本的《价格法与宏观调控——以房地产调控为核心的考察》、郭宗杰的《试论我国价格宏观调控的现状及现代化路径》、胡志平的《新中国 60 年价格宏观调控演进轨迹及路径创新》、赵绘宇的《完善和规范我国价格管理法律体系刍议》、周玉能的《价格法关于价格干预的措施应该修改》以及姜榕兴的《市场经济条件下中国价格管理研究》等。

综观学界，国内学者与专家从不同方面和角度对价格宏

① 张凯．对价格宏观调控体系建设的探求［J］．价格与市场，2005（5）：10.

观调控及价格宏观调控法律制度展开了研究，其成果是不容忽视的。但值得我们注意的是，这些研究普遍存在以下问题：首先，一些研究主要从如何构建价格宏观调控体系、价格宏观调控理论演变等角度展开论证，几乎没有从总体上对价格宏观调控法律制度进行系统性的概括和论述；其次，多数研究主要针对某个具体领域或行业的价格宏观调控，如房地产市场、农产品市场、公用产品，等等。纵然具体领域的研究具有现实意义，但其适用范围狭窄，不能说明、概括整个价格宏观调控法律制度；最后，从现有的理论成果来看，对“价格宏观调控”概念的把握不够准确，常常将“价格宏观调控”与“价格管理”“价格管制”“价格规制”“价格监管”等相混淆。

三、研究思路和研究方法

（一）研究思路

本书的研究内容主要分为七部分：第一章为导论，主要介绍论文的选题背景及意义、研究现状、研究方法和可能的创新与不足之处等。第二章为价格宏观调控与价格宏观调控法律制度的界定。这部分主要阐述了宏观调控语境下“价格”的含义，对价格宏观调控作了较为深入的分析，并以此为基础定义了价格宏观调控法律制度的概念与特征，概括了其主要内容。第三章为价格宏观调控法律制度的理论基础与价值取向，这一章主要从经济学、政治学、法学的角度分析价格宏观调控法律制度的理论基础，以及价格宏观调控法律制度应当坚持的价值取向。第四章为发达国家价格宏观调控法律制度及其启示。第五章为我国价格宏观调控法律制度及其存在的主要问题，主要阐述了我国价格宏观调控法律制度的历史变迁，我国现行价格宏观调控法律制度的主要内容及其存在的主要问题。第六章为完善我国价格宏观调控法律制度的思考。这部分针对我国现行价格宏观调控法律制度中存在的问题，提出相应的完善建议。最后为结语，是对前面章节进行全面的总结。

（二）研究方法

所谓研究方法，是指主体在认识作为客体的客观世界和事物，揭示其本质并阐明其一般规律的实践活动中所遵循的一套原则、程序和技巧。适当的方法和路径选择是研究一个论题不可缺少的部分。本书在具体研究价格宏观调控法律制度的过程中，运用了多种研究方法，以期获得较好的研究效果。

1. 历史分析法

梳理我国价格宏观调控制度的历史发展脉络，从中可以寻求历史经验，把握现行制度的渊源，为正确解读我国现行价格宏观调控法律制度及设计未来的制度变革提供支撑。

2. 法学分析方法

既往对价格宏观调控的研究集中于经济学领域，因此广泛采用了经济学的分析方法。然而，从法学的角度，就价格宏观调控法律制度立法的背景、条件、过程和规律，就制度设计和条文表达的时代性、科学性、可操作性和运行效率进行分析和论证的却比较少见，也不够全面和深入。本书运用法学分析方法全面深入地研究价格宏观调控法律制度，正好可以克服目前研究中研究方法方面存在的缺陷。

3. 实证研究方法

法律是社会生活条件的反映，在法律制度的研究中，学者们普遍重视实证研究方法。本书将结合我国现行价格宏观调控立法的社会生活条件、立法的实践基础及法律运行的社会背景，进行实证分析，以期能为本书的观点和策略提供实践支撑。

4. 比较研究的方法

这是本书进行研究的一个重要方法。本书中，比较研究方法的运用主要表现在以下方面：（1）学说比较。在研究过程中，遵循研究主题的需要，首先进行广泛而深入的资料收集与文献阅读，然后对文献进行编译、分类、归纳、分析与比较。通过对现有理论、学说的比较，一方面有利于笔者在现有研究的基础上形成更为科学合理的理论和观点；另一方面也有助于为本书观点以及观点的论证，提供充分的理论支撑，以此作为本书的理论指导。（2）制度比较。包括对不同国家价格宏观调控法律制度的比较。笔者希望通过这类的比较能够为自己的观点寻找更为充分的历史依据和比较法上的依据。

四、可能的创新与不足之处

价格宏观调控法律制度，是一个相当广泛而复杂的问题，其复杂程度和需要研究的内容之丰富远非本书所能囊括。作为系统研究价格宏观调控法律制度的初次尝试，本书只能作一些初步的考察，意在确立一个价格宏观调控法律制度的初步框架，为今后的进一步深入研究奠定基础。同时，希望能在揭示价格宏观调控法律制度的价值取向、比较发达国家价格宏观调控法律制度、分析我国现行价格宏观调控法律制度存在的主要问题的基础上，为完善我国价格宏观调控法律制度提供一些有益的建议。

本书在写作安排上，没有对诸如价格宏观调控主体法律制度、价格宏观调控运行法律制度等具体制度设置专门的章节，而只是穿插其中，因此，本书在结构安排上未能凸显价格宏观调控法律制度的一些重点环节。同时，由于笔者学识、能力、经验和时间有限，尤其是受实践经验和资料占有方面的限制，本书对我国现行价格宏观调控法律制度中存在的一些具体问题把握还不够到位，许多观点还未能认真锤炼，一些论证还显得粗浅，提出的一些建议也还有进一步深入讨论的空间。因此，本书只是一个阶段性的研究成果，诸多不及深入讨论的问题，需要在今后的学习和工作实践中做更进一步的研究。

第二章 价格宏观调控与价格宏观调控法律制度的界定

本书研究的“价格宏观调控法律制度”实际上是一个复合概念，它由“价格宏观调控”与“法律制度”两个概念组合而成。既然如此，要研究价格宏观调控法律制度，首先就应阐明“价格宏观调控”的含义及“价格宏观调控法律制度”的一般理论。因此，本章首先分析宏观调控语境下的“价格”并对价格宏观调控作出界定，在此基础上进一步阐析价格宏观调控法律制度的概念与特征，以及它的主要内容，从而为具体研究价格宏观调控法律制度提供逻辑基础。

一、价格宏观调控

（一）宏观调控语境下的“价格”

价格在现代社会经济生活中居于非常重要的地位。熊彼得曾经说过，离开价格和物与物交换的比例，留给我们的就没有别的什么东西了。① 对于“价格”，在这里无意追究其具体的含义是什么，而是要框定哪些“价格”属于价格宏观调控的范畴。对于价格的一般含义，本书采用马克思的观点，即认为“价格是价值的货币表现”。②

当商品经济发展到现代市场经济阶段，人们劳动所创造的用于交换的剩余产品迅速增加，生产的目的从主要满足自己的需要转为主要满足社会的需要，社会经济联系因此变得极为广泛和紧密。人们之间的交换对象逐步增多，交换的关系迅速扩大，交换的形式更加多样化，交换的结果也更为复杂。③ 这时，人们用于交换的对象已不局限于各种物质产品、服务产品，还包括生产这些产品所必需的劳动力、资本、土地、信息和科学技术等生产要素。总之，一切可以用来交换的物品和精神产品都成了商品。商品的外延从单纯的物质商品扩大到要素商品，商品的内涵从用来交换、可满足某种需要的劳动产品，扩大到用来交换、可满足某种需要的一切物品和服务。基于此，价格的概念也随之从物质商品价格扩大到一切可以用来交换的商品价格，从而使价格形态从狭义扩

---

① ［美］保罗·萨缪尔森．分析经济学中的最大原理［A］．王宏昌编译．诺贝尔经济学奖获得者演讲集［Z］．北京：中国社会科学出版社，1997：70.

② 马克思．资本论（第1卷）［M］．北京：人民出版社，1975：119.

③ 穆鸿铎．价格机制论［M］．重庆：重庆出版社，1991.

展到广义范畴。① 狭义价格是指有形商品和服务的价格，而广义价格是指参与市场交换的一切商品和要素的价格。② 广义价格包括三类商品价格：有形商品价格、服务商品价格和要素商品价格。有形商品价格和服务商品价格是人们日常生活中接触最为密切的价格形态，而要素商品价格主要包括劳动力的价格——工资、资本的价格——利息、土地价格、汇率、证券价格、期货价格，等等。以上是目前从价格学意义上对价格所进行的分类。

我国《价格法》将“价格”一词界定为：“本法所称价格包括商品价格和服务价格。商品价格是指各类有形产品和无形资产的价格。服务价格是指各类有偿服务的收费。”③ 有形产品比较清楚，就是各种工业品、农产品、建筑产品等，也就是我们一般所说的商品，它们与人们的日常生活联系最多。对于无形资产，“就是指不占据一定空间、不具有实物形态的财产权利”，④ 比如，专利权、商标权、著作权、

① 闫春英，赵玉琳．社会价格论：对价格形成理论的重新思考［J］．社会科学辑刊，2013（1）：109.

② 温桂芳．新市场价格学［M］．北京：经济科学出版社．1999：317-318.

③ 中华人民共和国价格法［Z］．北京：中国法制出版社，1998：3.

④ 卞耀武，田燕苗．中华人民共和国价格法释义［M］．北京：法律出版社，1998：26.

非专利技术、商誉等。这些无形资产具有专有性和共享性，也就是说这些权利非经专有权人许可，他人不得使用，但经过专有权人许可又可以转让或者与他人共同使用，所以产生了价格。无形资产虽然不具有实物形态，但是它可以借助其他载体来表现，比如商标用于商品上。无形资产还有一个反映其本质的特征，就是它的使用能够产生经济利益，所以是一种特殊的商品，从而也就构成商品价格的一个必要组成部分。有偿服务就是通过货币交换的服务，种类很多，包括教育、医疗、交通、通信等。

无论是价格学意义上对价格的界定，还是我国《价格法》对价格的界定，都是我们划定“宏观调控”语境下“价格”范畴的基础。由于“宏观调控”行为本身的特殊性，受其调控的对象——“价格”亦具有特殊性。首先，宏观调控语境下的“价格”应具有宏观性。即此处的价格应为市场总体价格水平的体现，包括各种商品价格和服务价格。需说明的是，按照传统的观点，对于各种要素产品价格，直接使用“工资”“利息”等概念，一般不纳入价格宏观调控的范畴。但事实上，这些要素产品的价格与商品价格和服务价格有着密不可分的互动关系，如工资增长幅度与市场物价上涨幅度的正相关关系，即一个最好的例证。因此，实践中对工资、利息等生产要素的价格，有关部门在进行宏观调控时也必须加以考虑。此外，国家行政机关履行职能时收取的费用，如各种证照费、管理费等，和一般有偿服务的价格在性质上有本质区别，它们由国务院另行制定办法专门调整，故也不在价格宏观调控法律制度范畴内研究。① 其次，宏观调控语境下的“价格”应具有可测量性，即可以依据一定的计算标准以指数的形式反映价格总水平的状况及其变化。当然，由于无形资产的交换具有一定的特殊性，和一般的实物产品有很大的区别，对它们的价格进行测量非常困难。实践中，人们谈论的宏观价格指数也没有计入无形资产价格。② 因此，价格宏观调控中如何反映和确定无形商品的指数标准，有待进一步的探索。最后，宏观调控语境下的“价格”与市场价格机制的衔接性。一般而言，市场中的商品价格和服务价格，除少数关系国计民生的价格要受到直接调控外，绝大多数商品和服务的价格应当由市场调节，除在紧急、特殊情况外，宏观调控一般不予以直接干预，③ 即使需要干预，也是采用间接方式对这些价格施加影响。也就是说，价格宏观调控中的价格主要是宏观价格，即市场价格总水平。但是，在价格宏观调控中，不排除在有的情况下要针对某个行业或某个商

---

① 许光建．论价格总水平调控［M］．北京：中国物价出版社，2003：10.

② 许光建．论价格总水平调控［M］．北京：中国物价出版社，2003：10.

③ 杨紫煊．经济法［M］．北京：北京大学出版社，2010：638.

品的价格进行直接干预。如国务院出台的“国五条”,① 其中通过限购的方式对商品房价格进行干预，就是一个例证。

---

① “国五条”是指在2013年2月20日国务院常务会议确定的五项加强房地产市场调控的政策措施，其中对商品房限购作了专门规定：要求各直辖市、计划单列市和除拉萨外的省会城市，要按照保持房价基本稳定的原则，严格执行商品住房限购措施。已实施限购措施的直辖市、计划单列市和省会城市要在限购区域、限购住房类型、购房资格审查等方面，按统一要求完善限购措施。国五条的具体内容是：（一）完善稳定房价工作责任制。各直辖市、计划单列市和除拉萨外的省会城市要按照保持房价基本稳定的原则，制定并公布年度新建商品住房价格控制目标。建立健全稳定房价工作的考核问责制度。（二）坚决抑制投机投资性购房。严格执行商品住房限购措施，已实施限购措施的直辖市、计划单列市和省会城市要在限购区域、限购住房类型、购房资格审查等方面，按统一要求完善限购措施。其他城市房价上涨过快的，省级政府应要求其及时采取限购等措施。严格实施差别化住房信贷政策。扩大个人住房房产税改革试点范围。（三）增加普通商品住房及用地供应。2013年住房用地供应总量原则上不低于过去五年平均实际供应量。加快中小套型普通商品住房项目的供地、建设和上市，尽快形成有效供应。（四）加快保障性安居工程规划建设。全面落实2013年城镇保障性安居工程基本建成470万套、新开工630万套的任务。配套设施要与保障性安居工程项目同步规划、同期建设、同时交付使用。完善并严格执行准入退出制度，确保公平分配。2013年年底前，地级以上城市要把符合条件的外来务工人员纳入当地住房保障范围。（五）加强市场监管。加强商品房预售管理，严格执行商品房销售明码标价规定，强化企业信用管理，严肃查处中介机构违法违规行为。推进城镇个人住房信息系统建设，加强市场监测和信息发布管理。另外，为了落实“国五条”的精神，全国一些省市也出台了相应的实施细则（来源于百度百科词条解释，http://baike.baidu.com/view/6180494.htm）。

这说明，宏观调控中的价格虽然更大程度上是针对市场价格总水平，但不排除为了达到控制价格总水平目的而对微观价格的直接调控。①

① 对宏观调控中的价格是否同时指向微观价格与宏观价格，理论界有不同的看法。现代市场经济的价格划分为微观价格与宏观价格两个部分。微观价格是指具体的各种商品和服务的价格。宏观价格是指价格总水平。微观价格与宏观价格，既有联系，又有区别。微观价格是宏观价格的基础，宏观价格是微观价格的总和。宏观价格是在众多个别商品价格相互联系，相互作用中综合而成，许多个别商品价格的波动必然会影响价格总水平的波动，而价格总水平的波动又必然体现在不同商品价格具体复杂的波动上。

微观价格问题主要是各种具体商品和服务价格的决定和运行问题，核心是资源的优化配置。在市场经济条件下，微观价格主要由市场价格机制进行自动调节。但是，市场不完全性和市场机制本身的非完美性，决定了微观价格不可能完全脱离必要而适当的国家干预，而纯粹由市场价格机制来调节。市场价格机制需要在规范的市场环境中才能正常运行和发挥作用。这种规范的市场环境需要借助国家的宏观调控力量来创建和维持。另外，市场机制对于公共产品、具有外在效应产品的资源配置不能实现最优，在追求效率的同时难以兼顾公平的社会标准，这些都要求国家的宏观调控来纠正和弥补。

宏观价格问题主要是价格总水平的波动和控制问题。在市场经济条件下，价格总水平的波动是不可避免的，关键在于怎样把它控制在一个社会和经济所能承受的适度范围内，尽量减少价格总水平波动带来的不利影响。近一二百年市场经济发展的历史已经证明，市场价格机制并不能自动地实现其均衡增长，它在资源

（接上注）配置中调节的自发性和滞后性，往往会加剧价格和经济的波动，给经济社会的发展带来巨大的损失。市场价格机制在稳定价格总水平方面的不足，理所当然地需要国家的宏观调控来加以弥补。因此，稳定价格总水平自然成为价格宏观调控的目标。

我国理论界有一种观点，认为价格宏观调控就是对价格总水平的调控，微观价格不是价格宏观调控的对象。（漆多俊．宏观调控法研究［M］．北京：中国方正出版社，2002：368.）另一种观点则认为，即使微观价格成为价格宏观调控的对象之一，也是处于次要地位，价格宏观调控主要还是对价格总水平的调控。（张宇，肖四如．宏观价格论［M］．北京：中国物价出版社.1993：3.）这两种观点看来都是失之偏颇的：其一，在现代市场经济条件下，没有必要而适当的宏观调控，市场价格机制的正常运转，微观价格决定和资源优化配置就难以实现；其二，对微观价格的宏观调控并非只有直接由国家定价，微观价格调控对于价格宏观调控的重要性并不在于国家定价的比重大小，而在于必须由国家的宏观调控为市场价格机制的正常运转创造适当的有利环境并弥补市场价格机制本身的缺陷；其三，离开作为基础的微观价格调控，宏观价格调控难以获得持久的好效果。宏观价格和微观价格的确各有其特定的运动过程和调节机制，但它们同属于价格，又互相紧密相连和制约。因此，光有宏观价格的调控措施，而无相应的微观价格调控措施相配套，宏观价格调控的效果也不会好，其稳定价格总水平的目标也难以达到。宏观经济控制的实践已充分说明了这样一个道理，“在现代市场经济条件下，光有宏观控制不行，光有市场机制也不行；光有宏观控制中的需求管理不行，光是刺激微观因素中的供给因素效果也不显著。宏观和微观必须有机结合”。（章星．冲出滞胀的泥潭——80年代美英政府的宏观经济控制［M］．北京：北京理工大学出版社，1992：179.）

（二）对价格宏观调控的界定

由于价格宏观调控法律制度的构建必须以价格宏观调控为依据，因此，对价格宏观调控的准确界定既是该法律制度建立的理论前提，也是本书得以展开的逻辑基础。

1. 价格宏观调控的含义

关于价格宏观调控的含义，理论界并没有明确的定义。有学者认为“价格宏观调控是指一定的调控主体为实现一定的经济目的而对价格形成和运行实施的调节和控制”。① 也有学者认为价格宏观调控“是指政府依据市场价格的形成及其运动的特点，为了更好地发挥价格对资源的合理配置作用以及实现国民经济的宏观经济目标，运用各种手段，对价格总水平及重要商品、服务等的价格进行调节与管理的活动的总称”。② 还有学者认为价格宏观调控是指“国家利用经济、法律和行政手段，对价格总水平的变动进行的干预和约束，以保证价格总水平调控目标的实现”。③ 不管怎么表述，笔者认为，价格宏观调控至少应当包含三个方面的要素：一是

① 卢炯星．宏观经济法［M］．厦门：厦门大学出版社，2005：442.

② 周春．市场价格机制与生产要素价格研究［M］．成都：四川大学出版社，2006：151.

③ 汪洋．价格理论与价格管理［M］．北京：中国物价出版社，2000：88.

调控主体，二是调控方式，三是调控目标。据此，结合前文对宏观调控语境下“价格”的分析，笔者将价格宏观调控界定为：价格宏观调控是指一国政府为了稳定市场价格总水平，通过间接和直接的各种途径，对市场中商品和服务的价格进行管理、控制或调节的活动。具体来说，它有以下几层含义：

（1）调控的政府主导性。即价格宏观调控的主体必须是政府。“宏观调控是社会整体调控，因而只有作为整个社会总代表的政府才能胜任”，① 价格宏观调控也不例外。在现代市场经济条件下，宏观经济决策权与微观经济决策权相分离，有关整个国民经济总体运行的宏观经济决策权属于国家，有关微观经济运行（企业生产经营）的微观经济决策权属于作为市场主体的企业，这体现了市场机制作为基本运行机制，国家宏观调控作为辅助和补充的现代市场经济运行机制的基本要求。因此，从整个国民经济运行角度对价格（包括宏观价格和微观价格）的调控，是政府经济职能的基本体现，其调控主体只能是政府而非其他。需要进一步说明的是，这里的政府必须是经过法律授权享有特定宏观管理、调控经济职能的机构，未经法律授权的国家机构不能行使价格宏观调控权，不是价格宏观调控主体。

---

① 邱本．宏观调控法论［M］．北京：中国工商出版社，2002：15.

（2）调控的国家干预性。这里涉及一个价格宏观调控与市场机制的关系问题。限于篇幅，笔者不打算展开讨论，但笔者认为，在考量价格宏观调控的目的时，要注意以下两个前提：一是价格宏观调控必须以承认市场机制为前提，否则就不是调控而是否定市场，故价格宏观调控不是要否定市场价格机制；二是要看到，市场机制在放任自由的环境下往往会出现失灵，因为市场机制同样存在天然缺陷，如信息不对称、拒绝公共产品、外部性等问题。因此，价格宏观调控的目的就是既要承认市场价格机制，又要主动地克服其缺陷，旨在保证其能发挥最理想的功能。

值得注意的是，价格宏观调控作为国家干预经济的一种形式，是当代市场经济国家普遍采用的做法，也是当代政府经济管理职能的具体体现。价格宏观调控是国家在经济发展过程中由于经济形势发生了扭曲或震荡，出于维护市场的健康稳定及社会的整体利益而实施的价格干预活动，是国家根据具体经济情势实施的调节和控制价格总水平的活动。但是，国家权力的介入并不是要抵制或否认市场经济的存在，也不是要去压制市场经济机制的积极作用，恰恰相反，国家的介入必须以克服市场缺陷为目标，以保障市场经济的存在并充分发挥其积极作用为宗旨。不过，事实上国家权力一旦介入市场，基于国家权力的强势地位，很有可能导致干预权的恶性膨胀，也很有可能在干预的过程中伤害到市场机制积极功能的发挥。因此，价格宏观调控同其他国家干预活动一样，必须通过科学地设计宏观调控法律制度以保障调控的适度性。例如，从价格宏观调控主体的选择、价格宏观调控权力的配置、价格宏观调控手段的规范、价格宏观调控实施的法律条件和程序以及价格宏观调控不当的法律责任等方面，严格限制、监督价格宏观调控行为，以最大限度地保障价格宏观调控的科学性与适度性。因此，从本质上看，价格宏观调控是国家在承认市场机制的前提下，且在市场经济的运行中，运用“看得见的手”，对市场机制实施的适度干预。

（3）调控目的的合理性。合理性也可以说是正当性，即调控必须有特定而合理的目的。例如，或者为创造有利于市场价格机制正常运行的客观环境，或者为弥补市场价格机制的缺陷，或者为提高资源配置效率，或者为兼顾公平与效率，等等。需说明的是，检验价格宏观调控目的合理性的标准有很多，但其中最重要的一条就是符合公共利益。价格是整个国民经济的神经中枢、社会经济的调节器，在整个国民经济中占据牵一发而动全身的举足轻重的地位。价格宏观调控是国家价格宏观调控机关根据市场的发展状况作出的调节价格总水平的活动，对社会各主体而言，具有普适性、共享性、共担性等特点。价格宏观调控活动不针对特定的私人主体，而是涉及整个社会，是国家运用公共权力对市场的干预，目的在于实现社会整体利益的最大化。价格宏观调控的这一特点是当下社会本位精神的反映，它体现的是一种公共利益的需求，而非私人和个体的需要。因此，价格宏观调控必须坚持社会本位，只有当价格宏观调控符合社会公共利益时，价格宏观调控才具有其合理性或正当性。

(4) 调控的行为性。法律是制约和规范行为的，价格宏观调控是政府主导实施的影响、调节或控制价格总水平走向的一系列行为或活动。从某种意义上讲，价格宏观调控法正是对这些行为或活动进行确认和规范的法律。

(5) 调控的宏观性。价格宏观调控作为国家宏观经济调控中的一个重要组成部分，是国家价格宏观调控机关为稳定市场，合理配置资源，减少经济震荡，而对价格运动过程本身及其相关因素乃至整个国民经济运行过程进行的必要而适当的管理、调节和控制。很明显，价格宏观调控涉及整个国家经济发展的价格总水平，涉及市场经济整体安全和效率的全局性问题，这与市场规制中的微观价格监管或者市场价格监管（如明码标价制度）有本质的区别。

总之，价格宏观调控是一国政府为市场价格机制正常运行，合理配置资源创造有利的市场条件、宏观和微观经济环境，为弥补市场价格机制的缺陷，提高资源在市场价格机制失灵领域的配置效率，减少经济震荡，降低运行成本，正确处理局部与整体、短期与长期、稳定与发展、效率与公平的关系，而对价格运动过程本身及其相关因素乃至整个国民经济运行过程所进行的必要而适当的管理、调节和控制。它既不是孤立地从单个商品或服务的价格运行来看待价格问题，也不是从单个市场主体的定价行为来看待价格问题，而是从整个国民经济运行的角度以及价格总水平的角度来看待价格问题。

2. 价格宏观调控、价格微观调控与价格市场监管的比较

价格宏观调控、价格微观调控与价格市场监管三者的关系，从逻辑上讲应当是容易区分的。然而，在理论研究中，三者的界限有时却容易产生混淆。

在比较三者的概念之前，有必要对价格宏观调控和价格微观调控的上位概念——价格调控作一番分析。价格调控是一定的调控主体（政府或企业）为了达到一定的经济目的（宏观的或微观的）而对价格运动实施的调节和控制。按照实施调控的主体、调控对象和调控目的的不同，现代市场经济中的价格调控分为价格宏观调控与价格微观调控两种类型。① 价格宏观调控是由政府作为调控主体，从宏观的整个国民经济运行角度对价格进行的调控，即对宏观价格（价格总水平）的调控。它属于政府的经济职能之一，是国民经济宏观调控的重要组成部分。当然，如前所述，对宏观价格（价格总水平）的调控，有时可以通过对具体商品和服务价格的调控来实现。"国五条"就是通过对房地产商品的价格进行调控而试图降低我国的物价总水平。价格微观调控是指由市场主体，也是具体商品的价格决策主体作为价格调控主

① 陈学彬．价格宏观调控论［M］．上海：上海财经大学出版社，1995：32.

体，根据具体商品的生产成本、市场供求和企业的营销战略和策略，从微观经济运行的角度，对具体的商品价格进行调节和控制。价格微观调控属于价格决策的微观行为，不属于政府的经济职能范围。对价格的宏观调控与微观调控的区分，有利于明确两种价格调控的主体，从而有利于规范各个调控主体的调控行为，提高调控效果。可见，价格调控、价格宏观调控和价格微观调控是外延和内涵上均存在着极大差异的不同概念。近年来我国理论界的一些文章大量使用价格调控的概念，但他们讨论的却是价格调控的政府行为，即价格宏观调控。这往往容易给人一种误解，好像价格调控只是政府行为，而没有企业行为。这对于明确不同价格调控的主体及其不同规制方式是不利的。①

价格市场监管是指政府价格监管部门依照价格法规定的权限和程序对市场主体的定价、标价、调价等具体价格行为进行监督管理的活动。显然，其与价格宏观调控的联系在于，都是政府部门的职权行为；区别在于：价格宏观调控的对象是整个市场价格的总体水平，而价格市场监管则是针对市场主体的具体价格行为。因此，在经济法中，价格宏观调控属于宏观调控法的范畴，而价格市场监管则属于市场规制法的范畴。市场价格监管与价格微观调控的相同之处是两者

---

① 陈学彬．价格宏观调控论［M］．上海：上海财经大学出版社，1995：33.

都是针对微观价格；区别在于：价格市场监管的主体是政府价格管理部门，价格微观调控的主体是企业或经营者本身；价格市场监管的性质是监管执法行为，而价格微观调控的性质是市场主体的自主定价行为；价格市场监管的目的是维护市场秩序，而价格微观调控的目的是适应市场、提高效益。

由以上分析可知，价格宏观调控、价格微观调控与价格市场监管三者之间既有联系，又相互区别。三者间的联系和区别有如下表：①

概念名称	实施主体	实施对象	所属领域	实施目标
价格微观调控	企业或经营者	微观价格	微观经济	价格机制有效运行
价格宏观调控	政府宏观调控部门	宏观价格（有时也涉及微观价格）	宏观经济	物价总水平的稳定
价格市场监管	政府价格监管部门	微观价格行为	微观经济	市场价格秩序

3. 价格宏观调控的层次、内容和方式

价格宏观调控是由政府作为调控主体，从宏观的整个国民经济运行角度对价格进行的调控，它既包括对宏观价格

① 陈学彬．价格宏观调控论［M］．上海：上海财经大学出版社，1995：30-35.

（价格总水平）的调控，也包括为稳定价格总水平而对微观价格（具体商品和服务的价格）的调控。因此，政府价格宏观调控的层次亦具有二元性，即“微观价格—宏观价格”两个层面。① 微观价格是宏观价格的基础，宏观价格是微观价格的总和。宏观价格是在众多个别商品和服务价格相互联系，相互作用中综合而成的，个别商品和服务价格的波动必然会影响价格总水平的波动，而价格总水平的波动又必然体现在不同商品和服务价格具体复杂的波动上。对微观价格的调控必须以尊重企业的自主权利为前提，即微观价格的形成主要由市场价格机制自动调节，但价格机制本身的缺陷促使国家必须对小部分微观价格（如垄断产品、稀缺产品、公共产品的价格）实行国家指导价或定价，以创造公平、竞争环境，保护消费者利益。宏观价格问题主要是价格总水平的波动和控制，通过价格杠杆调节商品供求，以达到稳定物价总水平的目的。因此，在确定价格宏观调控法律制度时也必须适应价格宏观调控的层次需求，一则要对小部分微观价格实行政府指导价或政府定价，维护市场秩序，防止引起价格总水平的剧烈波动；二则要从宏观方面着手控制价格总水平，保护国民经济稳定运行。

具体来说，政府价格宏观调控主要作用于三个方面：其

① 盛莉婷．政府价格干预法律制度研究［D］．保定：河北大学硕士学位论文，2011：5.

一，对价格形成的调控。一方面在市场经济条件下，价格是在竞争中依据供求关系自发形成的，但价格往往不能真实反映商品的价值，当价格背离价值太大，就需要通过政府调控进行矫正。另一方面某些重要商品和服务的价格无法根据价值规律确定，此时就需要政府定价或政府指导价予以直接规定。其二，对价格运行的调控。这里主要是指对价格的运行提供制度的支撑。主要包括建立价格监测制度，全面、及时、准确地监测重要商品、服务价格的变动和预测价格总水平的升降趋势，从而为正确采取调控措施提供有利的基础；重要商品储备制度和价格调节基金制度，这两种制度是在市场价格出现波动时，通过吞吐储备商品或者动用调节基金，以达到平抑物价，维护市场稳定的目的。其三，非常时期的价格宏观调控。这主要是指当商品和服务价格显著上涨或者市场价格总水平出现剧烈波动等异常状态时，采取其他措施均无法使市场价格恢复正常的情况下，政府所采取的价格干预措施和价格紧急措施。

政府的价格宏观调控通过事前调控、事中调控和事后调控三种方式来实现。所谓事前调控，是一种防范性的调控，主要包括对商品、服务价格变动以及价格总水平波动的监测，通过制度化的监测来采集价格变动及价格总水平波动的信息，以为及时、准确采取进一步调控措施提供有利的依据。同时，还包括对某些重要资源或商品的价格实行政府定价和政府指导价，以减少此类商品或资源价格的剧烈波动对国民经济产生的影响。事中调控是事前调控的延伸，针对的是在经济运行过程中已经出现的价格及价格总水平的异常变动，通过平抑或稳定某些重要商品的价格，来维护经济秩序。重要商品储备制度以及价格调节基金制度、保护价格制度等即属此类。虽然重要商品储备制度及价格调节基金制度是在价格异常变动以前即已进行了储备或设立，在此主要根据须采取该类措施的时间来划分，与事前调控不同，该类措施的进行是在价格及价格总水平出现波动以后。事后调控是事前调控、事中调控的补充，通常作为补救性的措施，一般是在出现某些突发事件或紧急状况，采取其他调控措施均无法使市场价格恢复正常的情况下，所采取的一些非常手段和措施。①

然而，不管是价格宏观调控的事前调控还是事中调控，抑或是事后调控，都可能运用所谓经济的、行政的和法律的手段。在法学研究者们的眼里，政府在进行宏观调控包括价格宏观调控时，所采用的经济手段和行政手段都应包容在法律手段之中，即经济手段和行政手段都必须采用法律形式。②他们的主要理由是：只有建立在法律基础上的宏观调控才能像法律制定一样集思广益，富有理性，从而更能认识、体现

---

① 邬江．价格干预的经济法对策研究［D］．重庆：西南政法大学硕士学位论文，2006：30-32.

② 刘隆亨，章峥．宏观调控中的人治与法治［J］．法学，1995（10）．

客观经济规律的要求，更好地进行宏观调控，仅靠个人智慧、个人专断从来不可能较好地进行宏观调控；只有依据法律的宏观调控才能依据严格的法定权限和法定程序进行，从根本上杜绝盲目调控、任意调控，不依法定权限和法定程序的宏观调控只能是滥加调控瞎指挥；只有法律化的宏观调控才是制度化的宏观调控，持续稳定，不因领导人的改变而改变，不因领导人的看法和注意力的改变而改变，不会因人而异、朝令夕改，避免引起社会经济的动荡和混乱；只有通过法律，宏观调控的内容尤其是政府宏观调控的权力范围才能精确化。① 正如科斯所指出的那样，“明确各级政府机构的权力范围是非常重要的……这是法律改革中的至关重要的一环”。② 事实上，不能依法界定宏观调控的权力（利）和义务，就不能调控好调控者，“正人先正己”，这种自身没有调控好的调控者是不大可能进行宏观调控的，从不依法宏观调控到依法宏观调控这是宏观调控的根本变革和重大进步。至此，才谈得上是真正的宏观调控，真正的价格宏观调控，才会有真正的法治经济，也就是说，现代价格宏观调控都是依

① 邱本．宏观调控法论［M］．北京：中国工商出版社，2002：6.

② 经济学消息报社．诺贝尔经济学奖得主访谈录——评说中国经济与经济学发展［M］．北京中国计划出版社，1995：48-49.

法宏观调控、法律调控。①

二、价格宏观调控法律制度

价格宏观调控与价格宏观调控法律制度是两个相互联系又相互区别的概念。价格宏观调控是价格宏观调控法律制度的社会基础，也是价格宏观调控法律制度的调整对象，可以说价格宏观调控法律制度是价格宏观调控法治化的结果，是价格宏观调控的法律规范表达方式。在初步明确了价格宏观调控的概念之后，本节将讨论价格宏观调控法律制度的含义和特征，以及价格宏观调控法律制度的主要内容。

（一）价格宏观调控法律制度基本内涵解析

关于价格宏观调控法律制度的内涵，就笔者掌握的文献来看，我国学界并没有给予直接的定义。究其原因，一方面，专门针对价格宏观调控法律制度的研究本身就很少，据笔者可查范围内的资料基本没有专门的论述。② 有关价格宏观调控法律制度的研究仿佛是被学者遗忘的一角，鲜有人论及。另一方面，学者们对价格宏观调控法律制度的范围没有形成比较统一的认识，这不仅是因为在我国的价格宏观调控实践中大量调控政策的存在，模糊了政策与法律制度的边

① 邱本．宏观调控法论［M］．北京：中国工商出版社，2002：6.

② 前文第一章国内研究现状部分有相应论述。

界，还因为面对众多的法律规则，不知该如何将价格宏观调控法律制度从中提取出来。

1. 关于价格宏观调控法律制度认识的几个误区

从现有的研究来看，存在的误区主要体现在以下几个方面：

其一，认为凡是国家采取的价格宏观调控措施都属于价格宏观调控法律制度。这种潜意识中的思维定式，主要受我国法治现实的影响。在我国的价格宏观调控实践中，总是大量地采用政策手段，更有甚者，在许多场合下都具有法律的强制效力。如当国务院宣布对房地产实行限购、国家发改委宣布上调成品油价格等宏观调控措施时，人们几乎从不怀疑这些措施是价格宏观调控法律制度的内容。有人在分析经济政策在宏观调控中的作用及其与法律的关系时，就曾指出人们在观念上的三种误区：一是把政策作为主宰经济生活的主要手段；二是认为经济法就只是经济政策在法律上的反映；三是在经济政策与法律之间画等号。① 这种认识的缺陷在于，它一方面颠倒了价格宏观调控法律制度与价格宏观调控法对象之间的关系。因为任何价格宏观调控方法和手段的实施，都是价格宏观调控法的对象，而非价格宏观调控法律制度本身。将宏观调控举措解释为宏观调控法的内容，带给人们这

① 李昌麒．经济法——国家干预经济的基本形式［M］．成都：四川人民出版社，1997：382.

样一种悖论“政府的宏观调控措施是宏观调控法的内容，意味着宏观调控中政府以及行政长官的意志和行为，就是法律。那么，学者们大力倡导的宏观调控法还有何存在价值呢？这种主客颠倒的观念，为宏观调控的主观任意乃至宏观调控中的‘政府失灵’提供了庇护”①。另一方面，它混淆了政策与法律的界限。政策与法律的关系在整个经济法中都是一个十分复杂的问题。国家管理经济、干预经济在许多场合都是靠政策来进行，在价格宏观调控领域也不例外。然而，简单地在经济政策与法律制度之间画等号，无疑会在一定程度上宽容了价格宏观调控的非法治化，也混淆了宏观调控法与宏观调控政策的界限。笔者认为，只有经过价格宏观调控法律授权的部门，根据价格宏观调控法律规定的条件和程序所采取的价格宏观调控措施，才属于价格宏观调控法律范畴内合法的措施。反之，凡是未经价格宏观调控法律授权的部门，不属于价格宏观调控法律规定的价格调控主体，或者凡是未按价格宏观调控法律制度规定的条件和程序颁布实施的所谓价格宏观调控政策，都是权力的滥用，是不合法的宏观调控政策。

其二，没能划清价格法与价格宏观调控法律制度之间的界限。有的学者认为，因为价格杠杆是政府调控宏观经济的

---

① 胡光志．关于宏观调控法基本理论研究的反思［J］．重庆职业技术学院学报，2002（1）：3.

重要手段，理所当然地，价格法即具有宏观调控的功能，相应的价格法律规范就是宏观调控法律制度的体现，并据此将价格调控法律制度概括为价格管理体制、经营者的价格行为、政府的定价行为、价格总水平的调控手段，等等。① 这种将价格法等同于价格宏观调控法的做法，其本质是混淆了宏观调控手段与宏观调控法之间的关系。作为一部法律的本质属性，不能简单地与其对象的本质属性相对应，不能说宏观调控就是宏观调控法，② 即不能因为价格是宏观经济的调控手段，就简单地得出价格法是宏观调控法的结论。我们还应看到，价格法是调整价格关系的法律规范的总称。③ 价格关系是价格法的调整对象，它是指在价格的制定、调控、执行和监督过程中发生的各种价格社会经济关系。④ 主要包括以下五个方面的内容：政府各级价格主管机关及有关部门在制定、调整和执行政府定价过程中发生的价格关系；经营者自主定价及禁止不正当竞争行为过程中发生的价格关系；国

---

① 刘定华，肖海军．宏观调控法律制度研究［M］．北京：人民法院出版社，2003：423-440.

② 李昌麒，胡光志．宏观调控法若干基本范畴的法理分析［J］．中国法学，2002（2）：5.

③ 李昌麒．经济法学［M］．北京：法律出版社，2008：482.

④ 卢炯星．宏观经济法［M］．厦门：厦门大学出版社，2005：443.

家在价格总水平的宏观调控过程中发生的价格关系；政府各级价格主管机关及有关部门、经营者和公民之间的价格监督和检查过程中发生的价格关系；各种价格主体违反价格法应承担法律责任的价格关系。因此，价格法所调整的价格关系是相当广泛的，不仅有政府参与所形成的价格关系，也有因经营者自身的价格行为而形成的价格关系；不仅有国家在价格宏观调控过程中形成的价格关系，还有政府价格主管部门在监管价格行为过程中形成的价格关系，还包括了价格监督、价格法律责任，等等。由此不难看出，价格法兼具了宏观调控法和市场规制法的双重属性。① 在此基础上形成的价格法律制度当然不仅限于价格宏观调控方面，还包括有经营者的定价行为、价格监督检查制度、价格责任制度，等等。可以说，价格宏观调控法律制度是价格法律制度的构成部分，如果把所有价格法律制度都纳入宏观调控法的范畴，无疑是把价格宏观调控法律制度的范围扩大了。

如前文所述，价格宏观调控是一国政府为了稳定市场价格总水平，通过间接和直接的各种途径，对市场中商品和服务的价格进行管理、控制或调节的活动。我们在确定哪些制度属于价格宏观调控法律制度的范畴时，一定不能脱离价格宏观调控这一行为本身，恰恰相反，我们必须紧密结合价格

---

① 杨紫煊．经济法［M］．北京：北京大学出版社，高等教育出版社，2006：639.

宏观调控的政府主导性、国家干预性、调控目的的正当性、价格调控的行为性、价格调控的宏观性等特征来考虑价格宏观调控法律制度的应有内容。

此外，需要说明的是，价格宏观调控法律制度其实是一个复合概念，从制度界域来看，它不仅包括价格法中的这些制度，还包括刑法中有关违反价格宏观调控制度可能导致的刑事责任，这些应当属于价格宏观调控法律制度的范畴。又如，行政法中对于违反价格宏观调控法律制度规定的行政责任，等等，也应当属于价格宏观调控法律制度的范畴。因此，价格宏观调控法律制度主要体现于价格法，但又不仅仅存在于价格法之中。值得注意的是，关于这一点，经济法学界目前少有人给予充分的关注与阐述。不过，鉴于经济法学的传统，本书将重点研究我国价格法中的价格宏观调控法律制度。

其三，有的研究虽然注意区分了价格法与价格宏观调控法律制度，但在归纳具体制度时出现了问题。如有的学者认为，现代市场经济条件下国家在价格领域中发挥着价格管理和价格调控的作用。虽然国家在具体价格管理方面发挥的作用并不属于宏观调控活动的范围，而属于经济法中市场秩序法的规制范畴，但是从立法技术的角度看，仍然有必要将国家在价格管理和价格调控两方面的活动统一在价格法中加以规定，以减少立法的层次和成本，形成完整的价格法律体系。然而，这并不排除经济法对价格法中这两个不同的制度进行严格的区分。[①] 该学者在此基础上，将价格宏观调控领域的价格法律制度概括为，市场主体的价格决定权、政府定价权、间接价格调控制度、紧急状态下的政府价格控制权。[②] 显然，这种将市场主体的价格决定权纳入价格宏观调控法律制度范围的观点是不恰当的。也就是说，该学者的观点是正确的，但在具体的制度归类中却又不知不觉地违反了自己的观点。根据前文的论述，这种做法在本质上混淆了价格宏观调控与价格微观调控的关系，误将本应由市场主体自主决定的微观行为也纳入了政府宏观调控的范畴。又如，还有学者根据我国《价格法》第四章对价格总水平调控的规定，将价格宏观调控法律制度概括为重要商品储备制度、价格调节基金制度、保护价政策、价格监测制度、临时干预措施、价格紧急干预措施。[③] 这种将对价格总水平调控所确立的法律制度简单地等同于价格宏观调控法律制度的做法又过于狭隘，其认为价格宏观调控只是对价格总水平的调控，而忽略了微观价格也可能成为价格宏观调控的对象，没有看到某些商品和服务的微观价格的波动必然会影响价格总水平的稳定，而

---

① 李力．宏观调控法律制度研究［M］．南京：南京师范大学出版社，1998：285.

② 李力．宏观调控法律制度研究［M］．南京：南京师范大学出版社，1998：286-292.

③ 李昌麒．经济法学［M］．北京：中国政法大学出版社，2017：403-404.

价格总水平的波动又必然反映在不同商品和服务价格具体而复杂的变动上。据此归纳的制度也是不够全面的，遗漏了政府定价制度等价格宏观调控法律制度。

2. 价格宏观调控法律制度的内涵与特征

从现有研究存在的上述误区我们不难发现，学界没能准确界定价格宏观调控法律制度的根本原因是对价格宏观调控本身的认识不清。既然法律制度是调整某一具体的社会关系或社会活动的、由众多法律规则构成的法律实体，① 对价格宏观调控法律制度的认识也就必然仰仗于人们对价格宏观调控这一社会关系或社会活动的正确认识。

由于前文已对价格宏观调控进行了较为深入的分析，在此，笔者将价格宏观调控法律制度定义为：调整价格宏观调控关系（或活动）的法律规范的总和。对于这一定义的理解，笔者认为，我们可以从价格宏观调控法律制度具有的突出特点来切入。

其一，中央政府的主导性。价格宏观调控法律制度同价格宏观调控活动一样，政府作为必需的主体参与其中，并在具体法律制度的实施、执行过程中居于主导地位，只有政府主导参与的法律制度才能被纳入价格宏观调控法律制度当中。特别值得注意的是，就一个国家的制度安排而言，宏观

① 张文显．法学概论［M］．北京：高等教育出版社，2010：28.

调控权大部分都集中由中央政府来行使，这已经是宏观调控的一个突出特点。可以说，中央政府的主导性是确定价格宏观调控法律制度的一个重要标准。显然，基层政府组织的价格管制行为、价格主管部门对市场价格的监管行为、经营者的定价行为、行业协会的价格活动等自然不在此列。

其二，它既是授权法律制度更是控权法律制度。价格宏观调控法律制度既是政府进行价格宏观调控的依据，更重要的是对政府价格宏观调控权力的制约，正如有的学者所指出的那样“宏观调控法不是政府统治市场的工具，而是制约政府统治市场权力的武器，是调控宏观调控行为的法”。① 价格宏观调控法律制度对具体的政府调控机关进行授权，赋予其具体的价格宏观调控权限和采取必要的价格宏观调控措施。然而，现实中政府的价格宏观调控是一把“双刃剑”，它既可能促进经济发展也可阻碍经济发展。如恩格斯所指出的：“国家权力对于经济发展的反作用可以有三种：它可以沿着同一方向起作用，在这种情况下就会发展得比较快；它可以沿着反方向起作用，在这种情况下，像现在每个大民族的情况那样，它经过一定的时期都要崩溃；或者是它可以阻止经济发展沿着既定的方向走，而给它规定另外的方向……很明显，在第二和第三种情况下，政治权力会给经济发展带

① 胡光志．宏观调控法研究及其展望［J］．重庆大学学报（社会科学版），2008（5）：112.

来巨大的损害，并造成人力和物力的大量浪费”。[①] 价格宏观调控是政府权力对市场的干预，在权力的运用中，可能出现这样的情况：“一个拥有绝对权力的人试图将其意志毫无约束地强加于那些为他所控制的人”，[②] 而“那些掌握权力的人，并不是都是为纯粹经济目的”而行事。[③] 在价格宏观调控中，调控者拥有无比强大的权力，调控者与受控者的法律地位不平等，极易导致权力滥用、低效运行等逆向效应，使国家的经济发展同时面临“市场失灵”和“政府失灵”的双重风险。因此，价格宏观调控法律制度的重点在于控制政府的价格宏观调控行为，它首先是规范和管理调控者的法律制度。

其三，它是实体性规范与程序性规范的结合。这里的实体性规范是指规定价格宏观调控双方权利义务的内容，这里的程序性规范并不是通常意义上的程序法上的程序，而是指价格宏观调控行为的实施步骤和方法。价格宏观调控法律制度为价格宏观调控主体授予权力，设定义务与职责，这些属于实体性规范。另外，为了有效地规制国家价格宏观调控行

---

① 马克思恩格斯选集（第4卷）［Z］．北京：人民出版社，1995：701.

② ［美］埃德加·博登海默．法理学：法律哲学与法律方法［M］．邓正来译．北京：中国政法大学出版社，1999：358.

③ 马克斯·韦伯．论经济与社会中的法律［M］．张乃根译．北京：中国大百科全书出版社，1998：325.

为，必须设立严格的步骤、方法和程序，以防止价格宏观调控权力的滥用和越轨。这些属于程序性规范。正是这一系列的实体性规范与程序性规范构成了价格宏观调控法律制度的完整体系。

（二）价格宏观调控法律制度的主要内容

前文已论及政府对价格的宏观调控主要包括对价格形成的宏观调控、对价格运行的宏观调控以及非常时期的价格宏观调控，相应地，价格宏观调控法律制度也可以分为价格形成宏观调控法律制度、价格运行宏观调控法律制度以及非常时期的价格干预制度。需要说明的是，此处仅是对价格宏观调控法律制度的一般分析，关于我国价格宏观调控法律制度的相关情况将放在本书第五章和第六章重点阐述。

1. 价格形成宏观调控法律制度

在市场经济条件下，虽然大部分商品和服务的价格都已经交由企业和经营者自主决定，但某些关系国计民生的重要商品和服务的价格，要么无法根据价值规律确定，要么在自发形成过程中，价格往往不能真实反映商品的价值，出现价格严重背离价值的情况，此时就需要政府定价或者政府指导价予以直接规定。在此基础上就形成了政府定价制度。

政府定价制度是指政府价格主管部门或其他有关部门，依照法律规定，按照定价权限和范围，直接规定商品或服务的价格，或者规定基准价及其浮动幅度，指导经营者制定价格的制度。它包含了政府直接定价和政府指导定价两种形式。政府定价制度是政府通过价格杠杆调控宏观经济运行的重要手段，政府可以根据经济发展形势和宏观调控目标的需要，在适当时机以适当幅度调低或调高实行政府定价的商品或服务的价格水平，从而有效调控宏观经济的运行，保证国民经济的健康发展。

2. 价格运行宏观调控法律制度

价格运行宏观调控法律制度旨在促进公平、公正、合法的市场竞争，维护正常的价格秩序，为价格机制的运行提供一个有利的环境，从而实现价格总水平的稳定。在制度设置上，主要有：

（1）价格监测制度。价格监测制度是政府为适应价格宏观调控和管理的需要，对重要商品和服务的价格、成本的变动进行监测、整理和分析。为有效控制市场价格总水平，科学制定政府定价目录的价格，并为经营者的经营行为和消费者的消费行为提供充分的价格信息。政府应当建立和完善价格监测制度，以及时收集、整理和发布价格信息。价格信息是一种经济信息，这些数据是制订经济计划和作出其他重要经济决定的依据，提供了国家实施价格宏观调控所必需的事实依据和专业依据。①

① ［德］乌茨·施利斯基．经济公法［M］．喻文光译．北京：法律出版社，2006：123.

价格监测制度对政府及时掌握市场价格信息，预测价格变动趋势，合理进行价格决策，在价格变动时及时稳定市场价格和价格总水平，保证价格调控目标的实现具有重要意义。

（2）重要商品储备制度。重要商品储备制度是政府为平抑或稳定某些重要商品的市场价格，而建立起这些商品的调节性库存，并通过吞吐库存来平衡市场供求，以调控市场价格的法律制度。国家要参与市场价格的调控，就必须掌握、控制一定的物资量。建立重要商品储备制度，对粮食、棉花、石油等重要商品，国家保持一定的储备能力，就可以在市场价格波动时，吞吐商品、平抑物价，维护市场稳定。重要商品储备制度强调的是，在特定情况下利用储备的吞吐功能干预和调节市场，是政府为了防止价格剧烈波动和维护国家安全常用的策略。重要商品是指对国计民生有重大影响的主要食品、日用工业品和防灾救灾物品等。重要商品储备制度对保障市场供应，平衡供求，应付突发事件和重大自然灾害有重要作用。

（3）价格调节基金制度。价格调节基金制度是政府为了平抑市场价格，用于吞吐商品、平衡供求或补贴生产经营者而设立的专项基金制度。价格调节基金主要用于平抑临时和突发性市场价格波动以及对重大节假日的副食品市场价格进行补贴；支持主要蔬菜基地和生猪、鸡、奶牛等畜禽基地建设；加强农贸市场和专业批发市场建设以及重要商品储备设施的建设等。① 价格调节基金制度的建立，使政府利用作为经济手段的价格杠杆调控市场供求，稳定市场价格，维护市场价格总水平基本稳定的能力大大增强，对于保护经营者和消费者的合法权益，维护社会稳定有积极的作用。

（4）保护价格制度。保护价格制度是国家为保护特定产业部门（主要是农业部门）而建立的价格制度。其内容是政府就某一产业中的主要产品（如农业部门的粮食）制定保护价格，当其市场购买价格低于保护价格时，政府就按保护价格收购该产品，以保护生产者的积极性，维护生产者的利益。

在我国，最典型的保护价格制度是农产品价格保护制度，它是一种重要的非行政性价格调控措施，即在丰收之年粮价过低时，政府动用粮食风险基金等财政性资金，以高于市场价的价格收购农民的粮食，以免“谷贱伤农”，从而保护农民生产粮食的积极性。由于农产品价格保护制度十分重要，有学者甚至直接将其等同于保护价格制度：保护价格制度是当粮食等重要农产品的市场购买价格过低时，政府可以在收购时制定一个旨在保护农民利益的合理价格，按照该价格收购重要农产品，从而保护农民的正当经济利益，保护他

① 漆多俊．经济法学［M］．北京：高等教育出版社，2010：481.

们的生产积极性。① 与政府定价不同，保护价格不是政府为他人之间的交换活动定价，而是政府为自己与他人之间的交换活动定价；它不是利用行政强制手段制定的价格，而是依靠政府的经济力量通过价值规律的作用引导他人接受的价格。因此，保护价格制度只要使用得当，对市场价格机制不会产生任何负面作用。② 这一制度曾经在欧美市场经济国家被广泛用于保护农业的稳定发展。

3. 非常时期的价格干预制度

所谓非常时期是指国家的经济、政治、社会发生重大变革或出现重大异常的时期，如突发公共事件、严重自然灾害、战争、通货膨胀等时期。在这种时期，形势变化突如其来，原有的经济秩序被打乱，价格的市场调节受阻。在这种情况下，当重要商品和服务的价格显著上涨、有可能显著上涨或者市场价格总水平出现剧烈波动等异常状态，在采取重要商品储备制度、价格调节基金制度、保护价格制度等均不足以调控市场价格时，国家就必须采取更加直接、果断、有效的市场价格管制手段，这些手段包括价格干预措施和紧急措施。

① 李昌麒．经济法学［M］．北京：中国政法大学出版社，2017：404.

② 李力．宏观调控法律制度研究［M］．南京：南京师范大学出版社，1998：289.

非常时期虽然不是经常出现，但也总是难免。国家应当预见和防范危机和风险，特别是在一旦发生危机或风险时能够及时、果断地采取各种干预措施加以化解。由于情况紧急，采取干预措施时，必须既果断又运用得当，如果稍有疏忽极可能导致严重后果。为保障在非常时期国家各种调控措施能够准确有效地运用，加强立法和建立健全科学、有效的程序制度也就显得非常必要和重要。

有学者认为，非常时期的价格干预措施是“非正常措施，也是违反市场经济要求的行政强制干预措施”。① 这一说法似乎有些过头，但却反映了非常措施的基本特性。由于这一措施完全排除了市场因素对价格形成的影响，又直接导致价格体系的扭曲和变形，② 因此，学者们普遍认为：对其实施的条件必须严格限制，实施的权限和程序必须由法律明确规定并被严格遵守。同时，既然是作为紧急情况的应对性措施，当决定采取价格干预措施和紧急措施的情形消除后，应当及时解除这些干预措施和紧急措施。在构建和完善非常时期的价格干预制度的过程中，这些观点无疑有着重要的参考价值。

---

① 李昌麒．经济法学［M］．北京：中国政法大学出版社，2017：404.

② 叶姗．促进物价稳定的法律制度研究［A］．张守文．经济法研究（第7卷）［M］．北京：北京大学出版社，2010：323.

第三章　价格宏观调控法律制度的理论基础与价值取向

价格宏观调控法律制度的创设不仅仰仗现实的必要性，而且也必须凭借更深刻的学理支撑。归纳整理这些理论根据，无疑有助于发掘现有价格宏观调控法律制度存在的依据、存在的问题，也有助于研究的深化。本章在总结和借鉴相关学科学者们的研究成果的基础上，从经济学、政治学、法学的视角探讨价格宏观调控法律制度的理论基础，并进一步探求价格宏观调控法律制度的价值取向。

一、价格宏观调控法律制度的理论基础

（一）价格宏观调控法律制度的经济学基础

价格宏观调控首先是一个经济学问题，因此，在经济学领域对价格宏观调控的研究比较充分。宏观调控是现代市场

经济条件下国家特有的经济职能，① 价格宏观调控也不例外，然而，价格宏观调控理论的形成却经历了一个较为曲折的演变过程。

1. 自由价格论

经济学大师亚当·斯密曾经非常精辟地把市场机制称为“一只看不见的手”，② 引导和促进并非个人意愿的社会利益。“在这场合，像在其他许多场合一样，他受着一只看不见的手的指导，去尽力达到一个并非他本意想要达到的目的。但也并不因为事非出于本意，就对社会有害。他追求自己的利益，往往使他能比在真正出于本意的情况下更有效地促进社会的利益。”③ 他认为国家根本没有必要去处理资源配置问题，这些问题应该交给市场去完成，他在强调市场的重要作用时不无夸张地指出：“你认为你可以通过动机良好的法令和规章来改善经济的运行状况。然而，事实并非如此。在一个自由放任的制度之中，利己的润滑剂会使经济的齿轮奇迹般地正常运转。不需要计划者，不需要政府颁布法

① 叶秋华，宋凯利，郝刚．西方宏观调控法与市场规制法研究［M］．北京：中国人民大学出版社，2005：9.

② 亚当·斯密．国民财富的性质与原因的研究［M］．北京：商务印书馆，1972：13.

③ 亚当·斯密．国富论（下卷）［M］．北京：商务印书馆，1983：27.

令来控制价格或管理生产。市场会解决一切问题。”① 在他看来，利己心和竞争的作用使产品的价格和成本不致偏离太远，产品的高价和低价、产品的暂时过剩和暂时短缺都是一种“自疗性疾病”，因为市场价格信号会诱使生产者生产社会所需要的东西，从而使社会生产和社会需要之间自动达到平衡。这就是古典自由主义经济学派关于价格的论述，其具体的观点可表述为，市场价格机制是优化资源配置的最佳手段；价格完全由市场主体根据市场供求状况自主决定，是市场价格机制正常发挥作用的前提；对于市场价格的任何干预特别是政府干预，必然会导致价格信号的失真，从而破坏市场价格机制的作用；完全竞争的市场力量可以自动地实现经济的均衡增长。因此，要提高资源配置的效率，保持经济的均衡增长，就必须废弃政府对价格的任何干预，实行完全的自由市场价格。一言以蔽之：崇尚市场力量，反对价格干预。

而后以马歇尔为代表的新古典自由主义经济学派又继承了以上观点，并且推出了所谓的“均衡价格理论”。在这种理论框架中，由于市场机制的作用，供给和需求双方力量均衡于一点，形成均衡价格，即供给价格与需求价格相等时的价格。当供给低于均衡水平时，需求价格高于供给价格；当供给高于均衡水平时，需求价格低于供给价格。在完全竞争

---

① ［美］威廉·D. 诺德豪斯，保罗·A. 萨缪尔森. 经济学［M］. 北京：首都经济贸易大学出版社，1998：693.

条件下，生产者和消费者对自身最大利益的追求，促使他们自动调整其生产量和消费量，使失衡的供给和需求恢复均衡水平，从而使价格从失衡趋向均衡。商品价格波动引导实现商品的供求均衡；资本的价格——利率的变动使储蓄和投资趋于均衡；本国货币在国际金融市场上的价格——汇率的变动使外汇需求趋于均衡；劳动力的价格——工资的涨落使劳工市场供求均衡，实现充分就业。因此，任何人为的干预和限制都将对这种自由竞争的市场机制造成极大的破坏，对于经济的均衡增长是有害无益的。

上述两种倡导自由价格的观点实质上体现了极端的经济自由主义思想。这种自由价格论的前提是一个预设：完全竞争市场下的价格机制充分发挥作用。然而，这纯粹是理论分析上的一种假设，在实际经济生活中并不存在。“自由价格机制的这种纯粹状态在现实中从来没有被完全实现过。如果要找到一个比较相近的例子，那么人们通常把十八、十九世纪自由资本主义制度当作近似的纯粹的自由价格制度。”① 而即使是在自由资本主义时期，完全竞争的市场也不存在。自由资本主义的初期，市场发育的不完善，封建的地方市场割据是市场竞争的障碍。而自由资本主义的后期，竞争的对立物垄断出现了。历史上的自由价格论曾经对冲破封建的市

① 穆鸿铎．价格机制论［M］．重庆：重庆出版社，1991：183.

场割据，解放生产力起到过积极的作用，但随着垄断的出现，其弊端越发凸显。最终，20 世纪 30 年代的资本主义世界经济大危机就宣告这种“乌托邦”式的理论失败。

在我国的价格改革中，伴随着价格改革的推进，也出现了一些认为一切价格都只能在自发波动的市场中形成，从而主张放弃国家对价格进行任何干预的论点。这些论点实际上是自由价格论在我国的翻版，其目的在于要求国家完全放弃对价格的管理。然而，历史已经多次反复地证明，完全自由放任的经济和自由放任的价格在近现代市场经济条件下都是不可行的，完全放任的结果必然是价格的剧烈波动和经济的猛烈震荡。这不仅为西方市场经济国家的历史所证明，同时也为我国市场经济运行的现实所证明。

2. 价格管制论

1929—1933 年席卷资本主义世界的经济大危机彻底粉碎了市场调节万能论的神话。危机影响到人们的态度，人们已经接受如下观点：需要采取一些措施，并且政府是采取极端措施的合适机构。① 1936 年英国资产阶级经济学家凯恩斯发表了著名的《就业、利息与货币通论》，明确提出国家应利用宏观杠杆，对市场交换和企业生产过程进行间接调控，并具体阐释了通过财政与货币的宏观调控影响总需求的方法，

① ［美］杰里米·阿塔克，彼得·帕塞尔．新美国经济史［M］．罗涛等译．北京：中国社会科学出版社，2000：641.

创立了凯恩斯主义。

凯恩斯主义否定市场机制的自动调节能达到经济均衡的传统教条；否定政府只是充当“守夜人”的观点，把调节和干预经济活动作为政府的首要任务之一。凯恩斯认为，资本主义社会的危机和失业是由于有效需求不足，有效需求不足又是由于消费不足和投资不足造成的，而市场并不具有自动调节消费不足和投资不足的能力，必须由政府当局加以控制或管理，唯此方可避免现行经济形式之全部毁灭。“市场可以是我们驾驭下的一匹好马。但是马无论怎么好，其能量总有个极限，这个极限不会马上显露出来。如果越过这个极限，市场机制的作用必然会蹒跚不前。”① 凯恩斯的核心主张就是改变自由放任政策，提出以宏观财政政策为主、以宏观货币政策为辅的国家干预经济的政策，并指出国家之所以必须对经济进行宏观调控，对价格进行管制，一方面是由于价格机制调控经济的适用过程存在很多不足之处，另一方面也是由于国家的调控能力本身所具备的特有性质。② 凯恩斯认为由于价格机制的自发调节存在盲目性，加之市场主体获取的信息不完全和无限度追逐最大利润的本性，会导致价格在调节经济运行时产生缺陷。例如，当价格信号显示出某种

① 胡代光，周安军．当代外国学者论市场经济［M］．北京：商务印书馆，1996：22.

② 史际春．经济法总论［M］．北京：法律出版社，2001：105.

产品的生产有利可图时，生产者就会蜂拥而上，进而造成该产品生产过剩、供过于求。再如，单纯地依靠价格机制的调节，还会造成社会收入两极分化，市场产生价格垄断，供求关系失衡，通货膨胀出现，产生经济危机，导致经济运行的周期性波动。这样，社会资源的配置非但没有达到优化的目的，还会产生闲置和浪费，扰乱正常的经济秩序，降低社会总体的经济效益。因此，政府干预的计划性和调控能力正是医治市场失灵的一剂良药。市场失灵作为政府干预的依据，既决定政府干预的目的，也决定政府干预的范围，还限定政府干预的程度。

凯恩斯的理论推翻了自由放任可以自动实现宏观经济均衡的传统理论，为现代国家运用宏观经济政策干预市场经济运行提供了可靠的理论依据。凯恩斯的理论问世以后，资本主义国家的经济运行机制逐步转向以市场调节为基础，国家对经济生活实行干预的轨道，政府由“守夜人”转变为“调节者”。第二次世界大战以后，凯恩斯主义成为西方各国政府制定经济政策的主要依据，它对于缓和经济危机、救治失业、促进经济增长、维持价格总水平的稳定发挥了很大作用。在危机发生之后的几十年间，政府的经济权力极度膨胀，如卡尔斯·弗里曼认为，美国在战后的“黄金年代”里增长最快、最繁荣的时期正是国家干预和管理在国内和国际上达到顶峰的时期。① 这一时期资本主义国家过分倚重政府干预经济的力量，初期确实起到了力挽狂澜的效果，但好景不长，经济学家们还没来得急细细品味干预主义的美酒，就遭遇了始料不及的“政府失灵”的一系列恶果。经济学家们认识到“国家的存在对于经济增长来说是必不可少，但国家也是人为经济衰退的根源”。②

20世纪60年代末70年代初，西方国家的经济危机出现了滞胀现象。凯恩斯理论也陷入困境。一方面的原因是这一理论本身存在着内在的、无法解决的矛盾：通过扩大投资增加需求虽然可以在短期内延缓危机、减少失业；但从长远来说，它非但不能解决生产与消费之间的矛盾，还会随着投资增加生产扩大使矛盾变得更加尖锐。另一方面是凯恩斯主张的国家对社会经济的全面干预方式存在以下两个方面的缺陷：（1）国家的全面干预妨碍了市场机制作用的发挥，限制了企业的自由竞争和自由发展，同时使人们形成对政府依赖的惰性，失去自由竞争和创新精神；（2）国家的全面干预往往使政府的职能无限扩大，工作效率下降，官僚主义盛行，

---

① ［美］斯蒂格利茨．政府为什么干预经济［M］．郑秉文译．北京：中国物资出版社，1998：204.

② ［美］道格拉斯·C. 诺思．经济史上的结构与变迁［M］．北京：商务印书馆，1999：21，24.

经济腐败严重，造成经济的混乱和困境。① 由于无法应对现实的危机，进入 70 年代以后，凯恩斯主义开始衰败。

与前述凯恩斯的干预主义不同，以萨缪尔森为代表的一些西方学者也倡导对价格实行国家管制。但是，他们并不把管制当成一种“常态”，而是当成一种“应急”的措施，从而提出了“非常措施论”。“非常措施论”主张国家对物价和工资实施严格管制，但只把这种管制当作非常时期诸如剧烈通货膨胀时期、战争时期或特大自然灾害时期等所采取的一种反通货膨胀，保持价格总水平稳定的非常措施。同时他们认为这种管制亦会对市场价格机制造成破坏，造成效率降低和浪费增加，因此不能作为政府干预经济的经常性措施，而只能作为财政、货币政策的辅助措施。正如萨缪尔森所述“无论是自由主义的还是保守主义的经济学者，过去的经验都告诉他们，这种紧急措施在短暂的紧急状态中可以有效，然而，执行的时间越长，它们所造成的偏差越大。因此，经济学者往往认为，这种紧急时期的手段，不应把它胡乱用于没有多大问题的和平时期。”②

20 世纪六七十年代的一些社会主义国家的经济学家曾经

① 李昌麒．经济法学［M］．北京：中国政法大学出版社，1997：19.

② 保罗·萨缪尔森．经济学（中册）［M］．北京：商务印书馆，1979：24.

极力倡导一种“计划价格论”。它是与当时的资本主义自由价格论根本对立的一种社会主义价格管理理论。它主张将全部生产资料和绝大部分生活资料的价格决策权都集中于国家，从而建立起与高度集权的计划经济体制相适应的计划价格体制，即国家通过自上而下的指令性计划对价格实施严格的管理和控制，旨在避免价格的自发波动，以及由此而来的一些经济波动或分配不公等问题，最终达到防止通货膨胀，保持物价总水平和基本生活必需品价格基本稳定，安定人民生活的目的。这种理论主张和政策建议曾经长期被社会主义国家所强制施行。

综观上述几种理论，虽然其出发点和最终目标有所不同，但是它们具有一定的相似性，即它们都看到了市场自发调节价格的种种弊端，因此建议和倡导国家对价格采取严格的管理和控制。凯恩斯的“国家干预主义”和社会主义国家的“计划价格论”都主张政府对价格进行干预，特别是“计划价格论”还主张以高度集权的指令性计划价格体制来取代自发的市场价格体制，从而消除自由市场经济与自由价格的弊端，这实在是走向了另一个极端。因为在计划价格体制下，价格既不能反映价值，更不能真实反映市场供求状况，最终必然会丧失合理配置资源的功能。这从根本上讲是违背经济规律的，必然造成对经济的破坏。我国、苏联和东欧一些原社会主义国家所经历过的实践，就是很好的证明。如果我们仔细分析一下，就会发现“计划价格论”与“非常措施论”也存在许多差别：“计划价格论”片面夸大了国家干预市场价格的作用，否定了市场价格机制对价格调节的作用。因此，在我国全面建设社会主义市场经济体制时期，不应当对这种价格理论有任何路径依赖，而重蹈计划经济体制下的价格覆辙。而“非常措施论”并不认为政府要取代市场在资源配置中的基础性作用，而仅仅是在紧急时期采取一种干预价格的临时措施。与“计划价格论”相比，由于“非常措施论”强调了必须遵循经济规律，国家干预是作为一种辅助力量在起作用。因此，从这个意义上讲，这种理论对我国价格宏观调控法律制度的构建仍是有一定的借鉴作用。

3. 有限调控论

有限调控论是现代西方经济学主流学派对于国家干预经济问题的基本主张。它既反对完全放任的自由价格论，又反对国家对价格的过多干预特别是直接管制，主张国家应对价格进行有限的、适度的调控。这种理论认为，在西方市场经济从自由资本主义时期进入垄断资本主义特别是国家垄断资本主义以后，市场价格机制作为基本的运行机制的运行条件已发生巨大变化，市场的不完全性和市场机制的非完美性必然要求加强国家干预。市场的不完全性和市场价格机制自身的缺陷引起的失灵主要表现在以下几个方面：垄断和垄断引起的效率损失；市场不能提供或只能提供极少的公共产品；市场不能解决外部效应问题；信息分布不对称的限制；失业、通货膨胀、经济失衡；收入分配不公平，等等，这就是通常所说的“市场失灵”或“市场失败”。“市场失灵”为国家干预的介入提供了前提条件，但是市场价格机制能有效调节的，政府就不要干预，只有市场价格机制不能有效调节的，政府才应干预。这种主张不仅看到了市场价格机制的高度灵活性和自动调节的特点，而且认识到市场价格机制具有盲目性的特点，不能任其随意发展，否则会导致资源的不合理配置；它既认识到政府有必要对市场价格进行适当的干预，以克服“市场失灵”，又认识到这种干预必须是适度的、有限的。

“现实经济是一种混合经济，纯粹的自由经济已经不复存在，不是一般地反对任何国家干预，而是反对过多的国家干预，主张通过适度的国家干预为市场机制的自如活动提供一个稳定的支架。”① 在市场经济体制下，政府是市场经济的题中之义，而不是市场之外的异己力量。政府对资源配置、市场规范、价格宏观调控有着不可替代的作用。② 需要在市场与政府之间的定位上保持适当的度，让市场与政府实现优势互补而避免各自的缺陷，这样才能建立一个健全的市场经济。现代世界各国政府都在不同程度地介入市场经济活动，然而这个介入在一定程度上又会影响市场价格机制的形

① 范家骧，高天虹．西方经济学（下册）［M］．长春：吉林人民出版社，1990：100.

② 胡代光．现代市场经济的理论与实践［M］．北京：商务印书馆，1996：131.

成。这里至关重要的一个问题，就是政府在进行价格宏观调控的过程中，必须把握一个临界点，这个临界点把握不准，就改变不了约束市场经济的死结；如果超过了这个临界点，就会破坏市场经济的自身组织，从而导致市场经济系统的新的无序状态。正如查尔斯·沃尔夫指出的那样，“市场与政府间的选择是复杂的，而且，通常并不仅仅是这两个方面。因为这不是纯粹在市场与政府间的选择，而经常是这两者的不同组合的选择。市场与非市场之间的选择并不是一种纯粹的选择，而是一种程度上的选择”。① 事实上，市场价格机制拥有重要的比较优势，它能够提供适当的激励，促进经济效率的提高，处理所获得的各种信息，所以应该成为市场运行的基本机制。但如前所述，市场价格机制又存在着固有的缺陷，这种缺陷使得政府对价格实行干预成为必要和可能。面对价格机制和政府干预，如果只强调一个方面而忽视另一个方面，这不仅在理论上会走向死胡同，同时在实践中也会走向极端。正确的做法是要充分发挥价格调节和政府两者的积极性，使得价格机制与政府干预有效结合起来，只有这样才能促进市场经济的健康、稳定。

在市场经济高度发展的今天，市场价格机制所拥有的种种优势已成为人们的共识，如它能够提供适当的激励，促进

---

① 邱本．自由竞争与秩序调控［M］．北京：中国政法大学出版社，2001：131.

经济效率的提高，较好地传递各种信息等，其市场经济运行基本机制的地位毋庸置疑。但其固有的缺陷又使得政府的价格调控成为必要和可能，此处调控不同于早期农业经济时代的干预，更不同于计划体制下的全面干预，而是在市场价格机制运行与政府干预之间寻求平衡点，使其不致破坏市场价格机制运行的基础，走向价格管制的极端，又可最大限度地避免自由价格导致的种种缺陷。

因此，有限调控价格论已经成为现代社会多数国家进行价格调控立法的经济学理论基础。它“承认国家干预的‘适当性’之必要与市场经济的相对独立，强调社会必须通过法律制度的渠道对国家干预权力的监督、控制与参与”。①

（二）价格宏观调控法律制度的政治学基础

价格的宏观调控实质上就是国家干预经济在价格领域的体现，国家干预经济是现代政府的重要职能。由是，要回答为什么国家要实施价格宏观调控，要深入理解价格宏观调控法律制度的创设，就有必要从政治学视角进行一定的探讨。

政府是人类社会发展至今的最权威的组织形式和统治方式。它负有促进经济发展、保障市场安全、维护市场秩序、增进社会福利的基本责任。面对价格宏观调控领域，政府应该有何作为，负有哪些职责，这既是一个经济学的课题，也

① 吕忠梅，陈虹，彭晓辉．规范政府之法——规范政府经济行为的法律规制［M］．北京：法律出版社，2001：26-30.

是一个政治学的课题。

在诺斯看来，制度提供了人类相互影响的框架，它们建立并构成了一个社会，或更准确地说，是一个经济秩序的合作与竞争关系，制度是一个社会的游戏规则。依据新制度经济学的观点，根据制度起源、产生方式的不同，制度分为内在制度和外在制度。内在制度是社会自发产生的，以社会需求为存在动力的，源于社会内在的要求，它具有长期孕育性、自下而上性、非正式性、非强制性特征，诸如习惯、内化规制、习俗和礼貌等。① 外在制度是由统治共同体的政治权力机构自上而下设计、强加于社会并付诸实施的。具有自上而下性、正式性、强制性等特征，诸如专门指令、强制性规制等。两种制度共同构成了社会的制度秩序，外在制度应以内在制度为基础。一个社会的制度设计必须尊重社会的自发制度、自发秩序。有意识制定的、立法通过的规则，以及由政治过程决定的制度的整体架构，都必须以内在制度为基础。② 就制度的提供者而言，新制度经济学认为，国家是重要的制度供给者，“国家是一种在某个特定地区内对合法使用强制性手段、具有垄断权的制度安排。这种制度安排的特点是它的强制性，强制性的后盾是国家的暴力潜能……它的

① 柯武刚，史漫飞．制度经济学——社会秩序与公共政策［M］．北京：商务印书馆，2003：131.

② 柯武刚，史漫飞．制度经济学——社会秩序与公共政策［M］．北京：商务印书馆，2003：122.

主要功能是提供法律和秩序”。国家独特的地位决定了在任何长期变迁的分析中，国家模型都将占据显要的一席。具体说来，国家的职能主要包括：（1）国家作为制度的最大供给者，如何有效地提供制度；（2）国家作为产权的界定和保护者，如何提供有效的产权制度；（3）国家作为制度的实施者，如何有效地实施制度；（4）国家作为不同利益集团之间矛盾的平衡者，如何有效地协调各种利益矛盾。① 笔者认为，结合关于国家职能的界定，在价格总水平领域，政府干预同样不可或缺。具体而言，国家在价格调节与控制过程中主要应当履行以下三个方面的责任：

第一，宏观调控职责。国家本来即具有发展经济、管理经济的职能。任何一个国家的主权都应当是完整的，管理国内经济事务以及保障市场安全是一国主权的必要构成部分。在自由资本主义时期，国家尽量不干预市场的运行，仅仅是国家主动放松管制而已（不等于没有干预权），实质上也是行使主权的一种表现。“政府的宏观调控行为是一种严格意义的经济管理行为，是现代国家干预经济的基本形式，也是经济管理行为的最高形式。”② 政府宏观调控也称为宏观经济调控（Macro-economic Control），是政治学、经济学、社

---

① 卢现祥，朱巧玲．论新制度经济学中国家的四大职能[J]．湖北经济学院学报，2006（3）：2.

② 刘剑文，杨君佐．关于宏观调控的经济法问题[J]．法制与社会发展，2000（4）：16.

会学和法学共同关注并极富争议的时代性课题。最引人注目的经济学理论，无不以此为重心，不惜浓墨重彩，各舒胸中志趣。“据西方经济学家称，迄今为止，经济学发展史上曾经历过六次革命”，① 而这六次革命几乎都是围绕如何把握市场经济与国家宏观调控的关系这一问题而展开的。凯恩斯是在西方经济大危机的背景下，通过对古典经济学弊端的分析以及对经济危机的检讨，而建立起自己的学说的。凯恩斯认为，要解决失业和危机，关键在于提高有效需求；要提高有效需求，就必须实行国家干预，建立宏观经济调控体系。他写道，“为确保充分就业所必须有的中央统治，已经把传统的政府机能扩充了许多……不能让经济力量自由运行，须由政府来约束或指导”，② 要“让国家之权威与私人之策动力量互相结合”。③

第二，市场管理职责。市场管理，是国家干预市场的又一个基本手段。它是指国家运用行政权力，通过一定的组织系统对市场的日常运行进行的监督与管理活动。市场管理之所以成为必要，主要是基于以下几个方面的原因：首先，市

---

① 吕荣华．宏观经济学［M］．上海：上海交通大学出版社，1995：7.

② 凯恩斯．就业、利息和货币通论［M］．北京：商务印书馆，1998：327.

③ 凯恩斯．就业、利息和货币通论［M］．北京：商务印书馆，1998：326.

场管理是实现国家经济管理职能的重要手段。人类社会自产生国家以来，国家作为管理市场的最好主体，一直担负着管理经济（包括市场）的重要任务。从国家职能的角度来看，市场管理是国家行使经济管理职能的重要组成部分。由于管理主体以国家的身份出现，因而具有相当的权威性，完全有能力克服市场的种种顽疾。其次，市场管理是保证市场秩序的根本措施。市场秩序是指市场的有序状态。在完全放任的条件下，随着市场的发展，市场便会因自身的“天然缺陷”而发生不同程度的混乱；而在实行市场管理的条件下，国家通过市场管理，利用行政的、经济的或法律的手段，对市场出现的混乱加以防止、控制，市场就将保持一定的、有序的状态，并健康发展。当然，国家保障市场秩序的手段还很多，诸如加强宣传教育和引导，允许行业管理、部门管理及市场自律等，但这些措施一是不能脱离国家的市场管理，二是与市场管理相比，在作用范围、作用程度及权威性方面均存在着相当的局限，因而并不是保证市场秩序的根本措施。再次，市场管理是保护市场主体合法权益的有力武器。市场主体权利保护状况如何，会直接影响到经济运行的质量，甚至关系到整个国民经济的成败。通过市场管理，国家可以发现和防止一些侵权行为的发生，特别是发现侵权行为后对之施以制裁，从而保障投资者的合法权益。最后，在不同时代、不同地区或国家，由于市场的特点不同，使得市场管理具有不同的特殊意义。例如，自由资本主义初期的市场管理，主要是为了削弱封建势力对市场的阻碍和破坏；现代资本主义国家的市场管理，主要目的则是克服市场缺陷和防止经济危机。而在我国，由于正处于新旧经济体制转轨阶段，商品和市场还不够发达，因而市场管理在强化国家宏观调控功能、培育和完善市场体系、统一市场、防止地方和部门封锁以及促进市场的国际化方面，具有特殊的意义。

第三，保障价格干预适度性的职责。之所以要适度干预，首先，取决于市场运行与国家干预的两面性。市场渴望自由，但也需要干预。没有自由就没有市场，而没有干预，市场的自利性、盲目性、过度竞争、败德行为以及市场风险又会引致市场混乱与失灵。同样，国家干预也是一把“双刃剑”。干预适度，利大于弊；干预不足，达不到克服市场弊端之功效；干预过度，又会危及市场运行。其次，实践证明，在国家干预的过程中，干预不足与干预过度是一种经常性现象。恰如其分地干预仅是政府应当努力的目标，是实践中一种较偶然的现象（往往是一时的、短时的）。不过，干预不足与干预过度相比，干预过度是缺乏监督制衡机制的监管。权力自身运行的偏好，干预过度极易形成干预的常态，并且具有本质上的破坏性，是国家干预中可能带来的主要危险。我国的实践也已经为我们提供了这方面的例证。有人在分析我国的市场干预时就曾认为：我国当前的经济生活中存在着“管制过度”的倾向，市场诸多问题恰是“过度管制导致的挫折”。① 还有学者认为“我国的政府管制，实际上还称不上是严格意义上的政府管制，目前的管制到底是市场经济条件下的政府管制还是原来计划体制下政府管理经济的遗留，对整个经济而言、对具体行业而言，还都应做具体分析”。② 还有人甚至认为，“中国管制的成因与经典管制理论的分析相去甚远，很难在教科书中找到现成的解释。中国经济生活中到处存在着的管制，与其说是为了解决‘市场失败’，不如说是政府为了消灭市场”，因此，“要像戒毒一样戒除管制”。③ 最后，更为根本的是：国家的干预本身也可能失灵。在国家干预经济的过程中，政府发挥着极其重要的作用。由于政府失灵体现在政府活动的方方面面，因此在政府干预经济的过程中，同样存在政府干预失灵的问题。据有的学者的归纳，政府干预失灵的表现，主要有以下几个方面：④ 一是目的的超经济性。即政府干预的目的本来应当是经济的安全和发展，但因政府是最大的政治组织，而政治

---

① 方流芳．过度管制导致的挫折［N］．经济观察报，2001-12-6.

② 王学庆．垄断性行业的政府管制问题综述［EB/OL］. http://www.chinapublaw.com/zfgz/2004414102654.htm，2005-2-16.

③ 赵晓，张维迎．中国政府管制的特殊成因［N］．二十一世纪经济报道，2001-3-26.

④ 曹沛霖．政府与市场［M］．杭州：浙江人民出版社，1998：431-435.

家、政府官员等决策者，同经济人一样是有理性的、自私的人，他们就像在经济市场上一样在政治市场上追求他们自身的最大利益，而不管这些利益是否符合社会经济利益。因此，政府的干预活动往往屈服于经济以外的政治目的。二是难以避免寻租。寻租活动是政府干预经济可能引发的一种社会现象。实践中最常见的寻租活动是政府某些官员利用行政法律的手段来攫取或维护自身利益的行为，即“权钱交易”行为。寻租活动的存在，造成了经济资源配置的扭曲，阻止了更有效的生产方式的实施；此外，也白白耗费了很多的社会经济资源，使本来可以用于生产性活动的资源浪费在对社会无益的活动上。三是决策可能失误。政府并非万能，这是因为政府的活动是由具体的个人实施的。由于这些人知识、技能、思想、观点的局限，即使大公无私、竭诚工作的官员所制订的计划、措施，也不一定符合市场运行的客观事实，而不当或错误的决策会降低干预效率并造成资源的浪费。四是国家干预需要支付成本。这种成本表现在两个方面：一方面是政府的成本，即政府要对经济实行干预就要维持一个庞大的职能机构，从而大大增加行政开支；另一方面是受规制主体的成本，即他们为了完成政府规定的手续或应付政府的审查和烦琐的行政程序，要耗费巨大的社会资源。五是结果的不确定性。市场失灵的存在只是表现了政府干预的必要性，但政府干预能否达到预期的目的，在一定程度上是不确定的。主要原因是：政策效应具有滞后性，即一项政策从实施到生效，往往需要有一个过程；由于经济人的理性预期的存在，即经济当事人通过对政府的政策动向进行分析、预测，然后采取基于自己利益的预防性措施，政府政策的效力必然递减，甚至无效；而当某项政策不利于经济人的营利目的时，经济人就会从自身利益出发，采取某些措施抵制政府政策，这就是所谓的“上有政策，下有对策”。也就是说，政府干预本身不一定能保障其干预目的的实现。由此可见，“市场之所短并非就是政府之所长，市场与政府并非总是可以相互替代取长补短的”。① 我们既要看到国家干预的必然性，也要看到国家干预中政府失灵的存在。当我们的市场选择了国家干预时，又不得不再一次面临这样一个问题：谁能干预干预者？怎么样才能保障干预者的干预正确而有效？

干预的度是一个十分难以把握的问题。笔者认为，要保持适度的价格宏观调控，至少应当考虑以下原则：其一，价格宏观调控必须以克服市场积弊、维护市场机制为最高宗旨，即必须保障所有价格宏观调控活动目的的正当性。政府在制定和出台价格宏观调控措施及采取价格宏观调控手段时，必须经过充分而科学的论证，要以是否维护市场价格机制、是否克服市场弊端为检验标准。其二，倡导依法行政、公开行政和廉洁行政，禁止权力寻租、监管腐败和地方与部

① 邱本．市场法治论［M］．北京：中国检察出版社，2002：183.

门保护。其三，建立广泛的社会化的监督机制，让价格权力机关、法律监督部门、市场主体和社会公众享有充分的监督权力。其四，制裁一切渎职、失职及腐败行为。

总之，在以市场经济为背景的当代社会，政治学理论不能不顾及政治、政府与市场发展之间的相关性与牵连性。实行市场经济体制的国家，再也不能置身于市场之外，它们必须摒弃传统观念中政治国家与市民社会互不干涉的法则，肩负起利用并治理市场经济的历史使命。也许，这正是当代政治学理论支持政治家们关注、参与并适度介入市场，从而推动价格宏观调控立法发展的缘由。

（三）价格宏观调控法律制度的法学基础

价格宏观调控法律制度的上位法是经济法，因此，分析价格宏观调控法律制度的法学基础，应当将视线放到经济法学的领域内。就经济法而言，直接支撑价格宏观调控法律制度的理论集中于经济法的目的和功能方面。具体而言，价格宏观调控法律制度的经济法学基础体现在以下三个方面：

1. 社会公共利益的维护和促进

耶林曾经说过，“法律的目的就是社会利益，社会利益是法律的创造者，是法律的根源，所有的法律都是为了社会利益而产生。然而，社会公共利益真正被人们所重视并在法律中体现出来，却是在经济发展到高度社会化的阶段。在很长的时期里，人们一直主张个人本位和意思自治，认为个人利益与社会利益具有一致性，只要充分保证了个人利益的最大实现，就可促成社会利益的最大化，进而主张给经济个体以完全的意志自由，让其自由选择，在此观念的基础上建立了体系完备的民法”。① 可是后来的实践证明“追求自己利益的人们并不能自发地促进社会公共利益，反而往往破坏公共利益”，② 两者之间并不完全和谐。为了防止或者制止少数人在社会化大生产中以别人的“不经济”为代价，去获取自己的“经济”，最终导致“整体不经济”（社会再生产受阻，经济不能快速、不能普遍、不能持续发展）的情况发生，国家从价格、金融、财政等方面入手，引导市场主体从事合乎经济理性的行为，规范不利于社会公共利益的行为，在此基础上产生了经济法。经济法从产生伊始，就是从整个国民经济的协调发展和社会公共利益出发，协调经济利益关系，促进、引导或强制实现社会公共利益目标与个体利益目标的统一。这也使经济法成为以减少社会经济震荡，优化经济结构、提高整体经济效率以及促进个体利益最大化为目标的国家对经济进行干预的典型的法律。

在市场经济体制下，形成了价格决策多元化，利益主体多样化的格局，个人利益与社会公共利益、地方利益与中央

① 刘文华．宏观调控法制文集［C］．北京：法律出版社，2002：29，30.

② 王保树，邱本．经济法与社会公共性论纲［M］．中国经济法学精粹，北京：机械工业出版社，2002：87.

利益、局部利益与全局利益存在着不同程度的矛盾。如何处理这些矛盾，我们首先应意识到价格问题关系千家万户，涉及国民经济的稳定和发展。一旦价格发生剧烈波动，会导致宏观经济总量失衡，进而引起整个经济的剧烈震荡，最终将付出巨大的社会代价。在这种情况下，国家应把关注优先投向社会公共利益，对价格机制发挥作用不完全的地方进行适度调控。价格领域进行宏观调控的具体目标诉求在于保持价格总水平的基本稳定，抑制通货膨胀或者通货紧缩，归根结底是为了维护社会公共利益。因为价格的剧烈波动严重制约经济的稳定协调发展和危害整个社会的安定，事关社会福利与经济安全。比如在战争、严重自然灾害的时期，重要的日用生活品的价格飞涨，直接影响群众生活的稳定，国家就应从社会公共利益的角度出发，对价格实行宏观调控，必要时候对商品价格进行限价、冻结。价格领域进行微观调控的具体目标诉求在于维护自由、公平、有序的市场竞争环境，实质也是为了维护社会公共利益。经营者为实现利润最大化而审时度势采取相应的定价策略，这本是无可非议的，但当这种自主行为破坏了公平、自由、有序的竞争环境的时候，会对包括经营者、消费者在内的社会群体的利益造成最终损害，所以国家应该对此进行宏观调控。

2. 实质公平的诉求和实现

实质公平是经济法对公平价值的诠释。对于什么是公平，学者们从不同角度进行了揭示。有学者认为“公平在法律上表现为基本权利的平等配置和基本利益的平等分配”。①也有学者将公平描述为“人与人利益关系的原则、制度、做法、行为等合乎社会发展需要之义”。② 公平不仅是传统民商法所固有的一种道德理念和价值标准，它也为经济法所追求。在民法中，公平主要指形式公平，它以抽象的人格平等为基础，给每个经济主体以平等的机会利益，承认经济主体参与市场的起点具有不平等性——只要这种不平等不是市场外的因素造成的，因此个人利益结果的差异是具有合理性的。③ 与此不同，经济法倡导的公平观是一种实质的社会公平观，包括分配公平、结果公平、代际公平等。因为现实如罗尔斯所言“人们的不同生活前景受到政治体制和一般经济、社会条件的限制和影响，也受到人们出生伊始所具有的不平等的社会地位和自然禀赋的深刻而持久的影响，然而这种不平等却是个人无法自我选择的”。④ 如果一味地强调绝对平等，而忽视市场主体在资源、个人禀赋等方面存在的差

① 江帆．论经济法的价值理念和基本原则［J］．现代法学，2005（5）．

② 戴文礼．公平论［M］．北京：中国社会科学出版社，1997：42.

③ 胡光志．人性经济法论［M］．北京：法律出版社，2010：189.

④ 何怀宏．公证的正义［M］．济南：山东人民出版社，2002：17.

异，只能导致最终结果上的不平等。“经济法强调对消费者、劳动者、被限制自由竞争的经营者等具体人格的保护”，它剥去了所谓的“人格抽象平等、权利机会平等的外衣，而对于‘人’进行真实具体的价值关怀”。① 这是一种在承认主体之间存在差异的前提下追求结果上的公平，即实质公平。

在市场经济中，经济主体以追求利润最大化为目标，价格成为追逐这个目标的重要手段，理应由经营者按照意思自治的原则制定，通过市场竞争形成价格，通过竞争优胜劣汰，国家不应干预。这仿佛应该是最符合公平之义的。可随着市场失灵的出现，经营者往往进行不正当的价格行为。有的经营者为了排挤对手或者独占市场，以低于成本的价格销售商品，虽然牺牲自身的暂时经济利益，但是损害竞争对手的经济利益，最终侵犯了同业竞争对手的公平交易权，有违实质公平的原则；有的经营者捏造、散布涨价信息，哄抬物价，推动商品价格过高上涨，引起消费者恐慌，造成市场价格秩序混乱，进而引起价格总水平的剧烈波动，这对消费者来说是明显不公平的；有的经营者利用虚假的或者使人误解的价格手段，诱骗消费者与其进行交易，比如谎称削价让利，由于信息不对称，消费者很难辨别这种价格欺诈，尤其难以知道成本等生产信息，这时候的价格并非消费者意愿；

---

① 江帆．论经济法的价值理念和基本原则［J］．现代法学，2005（5）．

有的经营者依据某种强势地位包括权力、地位等稀缺性资源的占有对购买相同等级、相同质量的商品的买方要求支付不同的价格，从而使消费者被迫接受该价格；而一些自然垄断行业滥用垄断地位，规定过高的垄断价格，消费者因为无其他选择对象不得不接受这个价格。在这上述种种不正当价格行为的场合，其中一方的意愿价格被强制扭曲，或者是公开的或者是隐蔽的，最终损害的不仅是交易对方的利益，也损害了整个国民经济的利益。如果不对这些行为进行调控，任其无约束地自由发展下去，最终的结果只能是以表面的形式公平取代实质的公平，以绝对的平等求得实质的不平等。

3. 政府价格宏观调控行为的权力控制

众所周知，市场失灵决定了政府干预的必要，其中包括对价格活动的干预。但仅仅一般的主张国家干预是不够的，因为国家作为一种强制机构，它拥有个人和其他社会组织不能比拟的权力，而这种权力不仅有着巨大的弹性和惯性，同时还具有极大的扩张性和自行性的特征。它既可能有效地保护经济自由，又可能最大限度地侵害个人权利。因此，国家不是万能的，政府也有失灵的时候，具体表现在“不完善信息和不完全市场问题作为市场失灵的一个来源在政府部门里是普遍存在的”；“和政府的强制力紧密相关的可能的再分配不仅会导致不公平，而且还会产生不经济的寻租活动”，“现今政府带给未来政府的有效合同局限性会带来巨大的经济费用”；“公共部门里产权让渡的其他缺陷对于有效的激励机构的构建会造成进一步限制”。① 面对市场失灵和政府失灵，只有法律，主要是公、私兼容的经济法才能克服这种缺陷，也只有经济法才能真正成为市场自由和国家干预对话与交流的基础。市场经济是法治经济，法律手段的有效运用程度，往往也标志着一个国家市场经济发育的成熟程度和水平。

在计划经济时代，政府的行政权力过大，产品市场的价格无论是生产资料的价格还是消费资料的价格都由政府控制，资本市场的价格（利率）和劳动市场的价格（工资），更是由政府给定的，几乎没有自由价格存在的任何余地。这时候的价格仅仅是作为核算的工具，而真正作为利益关系诱导经济主体行为的本能被彻底抛弃，价格机制遭到破坏，最终阻碍了经济的发展。后来人们认识到在价格领域不可忽视的是市场价格机制仍然是现代市场经济的基本运行机制。在这种情况下，国家干预也不是万能的，国家干预也只能以创造市场价格机制正常运行的有利条件和弥补市场价格机制缺陷为出发点，只有通过法律，主要是经济法把对价格的宏观调控限制在不损害市场价格机制功能的范围之内，即实行有限的调控、适度的干预。经济法既能运用公权力对市场失灵进行干预，又能对公权力的边界做出合理的界定，防止公权对私权的无端侵扰，保护私权的合法行使，这克服了民法与

① 赵学清，雍灵．对我国经济法价值定位的再思考［J］．西南民族大学学报（人文社科版），2005（12）．

行政法的功能缺陷。在经济法设定的制度框架内，“由市场价格机制充分地发挥作用，政府在这时采取‘沉默’态度，市场价格机制按照其自身固有的规律进行运动，消费者根据自己的意愿决定购买行为，实现其效用最大化目标，生产者同样根据自己的意愿从事生产活动，实现其利润最大化目标。反之，如果市场价格机制的运行偏离了制度框架所允许的轨道，政府就要打破‘沉默’，对于市场经济活动进行干预和调节，使其回到制度所允许的轨道上来。就像人们在客观规律面前一样，当他的行为符合客观规律的运行，他就不会感觉到客观规律的存在，而一旦违背了客观规律的运行，便会受到规律的惩罚”。[①] 经济法作为法律的一个分支，仍然具有法律的某些共性，比如权威性、普遍制约性、稳定性、连续性，这些特征也使经济法具有经济手段与行政手段不可比拟的优势。它能让政府的干预行为获得市场主体的最大程度的容忍和理解，也使经济活动的结果更加具有可预见性，抑制着各种可能出现的机会主义的个人行为。

总之，在经济法学的理论中，国家干预与干预控权理论几乎是当下学界的主流，而这也是构建价格宏观调控法律制度的直接理论支撑和基本的指导思想。

① 刘学敏．构筑社会主义市场价格管理体制与模式［J］．宏观经济研究，2000（4）．

二、价格宏观调控法律制度的价值取向

按照法理学的一般逻辑，作为一个制度存在，价格宏观调控法律制度和其他法律制度一样，是一个“有目的的事业”——我们要解决的是目的或者价值的问题——法律的价值决定了法律的目的，法律的目的反映并表达着法律的价值。不同的价值立场不仅会有不同的立法产出，相同的法律在不同的价值观指导下亦会产生不同的执法结果。因此，对价格宏观调控法律制度价值取向的确立，无疑是构建和完善价格宏观调控法律制度的思想基础。

所谓价值是指一种关系范畴，表示客体对主体的意义，客体满足主体需要的关系。据此，有学者认为，“法的价值就是法这个客体（制度化的对象）对满足个人、群体、社会或国家需要的积极意义。一种法律制度有无价值、价值的大小，取决于这种法律制度的性能，又取决于一定主体对这种法律制度的需要，取决于该法律制度能否满足该主体的需要和满足的程度”。① 也有学者认为：法的价值“是以法与人的关系作为基础的，法对于人所具有的意义，是法对于人的需要的满足，也是人关于法的绝对超越指向”。② 在此意义

---

① 孙国华，朱景文．法理学［M］．北京：中国人民大学出版社，2001：58.

② 卓泽渊．法的价值论［M］．北京：法律出版社，1999：10.

上，法的价值主体是人或人的组合（即组织、社会、国家等），法的价值客体是法律制度本身。就整个现代法律体系的价值取向而言，法的价值一般包括自由、正义、公平、秩序、效益，等等。在具体的各个部门法和法律制度视域里，法的价值取向则因制度本身的特殊性而存在一定的差别。

价格宏观调控法律制度作为宏观调控法的组成部分，对其价值的讨论，有必要先对宏观调控法的价值进行简单的梳理。有人认为宏观调控法的价值包括发展公平与经济安全。①有人认为，宏观调控法的价值突出表现为当代公平与代际公平的统一、社会效益与经济效益的统一、社会公共利益。②有学者认为，宏观调控法的价值取向，则是宏观调控本身的价值取向在法律上的反映，抑或说宏观调控法的价值取向就是为了保障宏观调控的科学性、安全性、效应性以及权威性，最终达到社会总量的积极平衡。③ 还有学者将宏观调控法的价值分为理性价值和实践价值，理性价值在于保障宏观

---

① 叶姗．发展公平与经济安全——试析宏观调控法的价值定位［J］．行政与法，2002（7）．

② 汪丽丽．宏观调控法的价值取向［J］．山西农业大学学报，2005（5）．

③ 沈刚毅．试论加强我国宏观调控法制建设［J］．现代法学，2000（6）：140．

调控的科学、安全和效率，实践价值强调实用性和效果性。①在笔者看来，上述每一种观点都有其合理之处，毕竟宏观调控法涵盖的子部门法很多，要准确抽象概括出他们的价值并具有宏观调控法自己的特点，本身就非常困难。每一子部门法都有特殊的性质，要纯粹用一两种价值就涵盖实属困难也没必要。价格宏观调控以维护市场价格秩序、提高资源配置效率、稳定价格总水平为目标，调整价格宏观调控关系的价格宏观调控法律制度，在价值取向上一般不能超越于宏观调控法的价值，但根据其自身的特性，价值取向上会有所偏重。在笔者看来，价格宏观调控法律制度应以实质公平、秩序和谐和社会整体效率为价值取向。

（一）实质公平价值

公平意指公正、不偏不倚。公为公正、合理，能获得广泛的支持；平指平等、平均。公平一般是指按照一定的社会标准（法律、道德、政策等）、正当的秩序，合理地待人处事，即所有的参与主体平均享有各项属性（包括投入、获得等）。在法律上，公平是法所追求的基本价值之一。它意味着权利的平等、地位的平等、分配的合理、机会的均等和司法的公正，等等。

体现在民法上，公平主要是指形式上的公平。也就是

① 李昌麒，胡光志．宏观调控法若干基本范畴的法理分析［J］．中国法学，2002（2）：9-10.

说，具有平等的机会，市场主体在受到同等尊重的前提下，平等地去实现自己所追求的经济目的，在民法制度的设计上，强调将市场主体规定在同一起跑线上。然而，民法的制度设计是在假定人格的完全平等、个人的充分自由以及市场主体的完全理性基础上形成的，这一假定忽视了市场主体所赖以存在的环境以及主体自身所带有的差异性。在充满竞争的现代市场经济中，形式的公平导致的结果往往是实质的不公平。实质上的不公平最终会致使形式上的公平难以实现。即实质公平是形式公平发展的更高层次的目标，只有体现实质公平的形式公平，才是真正的形式公平。

作为调整价格宏观调控关系的制度安排，价格宏观调控法律制度要注意贯彻以下两方面的价值取向：一方面，市场中的每一参与主体，不论其经济实力强弱都应该在平等、自愿的基础上行为，每个主体的权利实现不应设置障碍，对他们在市场中的地位应该做平等的规定。另一方面，价格宏观调控法律制度还应重视市场各主体的差异性，如对价格宏观调控主体规定其所享有的权力和负担的义务，对受控主体规定属于其的权利和义务，而不是设计同样的权利和义务。因为，如果不加分类，将这些所谓的市场主体完全置于同一位置上，导致的结果是弱肉强食的实质不公平。正是如此，价格宏观调控法律制度应以实质公平为其更高的公平价值目标。实质公平是在承认市场主体个人禀赋、经济实力等存在差异的前提下追求的一种结果上的公平。

实质公平要求一方面对具备特殊条件、地位和能力的市场主体的某些行为进行一定的限制，增加其义务或减少其权利。另一方面，实质公平对遭受或易于遭受经济特权侵害的弱小主体进行特别保护，赋予其更多的权利，而承受较少的义务。在目前一些价格宏观调控法律制度的规定上实质公平的法的价值已经有所体现。公平价值作为价格宏观调控法律制度的价值追求，首先应当保证形式上的公平，即要求价格宏观调控机关通过法律和其他规范性文件，保证享有同等的权利和义务。其次在形式公平的前提和基础上，强调实质上的公平。因为，在价格宏观调控法律关系中，作为享有价格宏观调控权的国家机关，可能会怠于或不当行使调控权，甚至滥用宏观调控权，进而损害广大社会主体的利益，这与实质公平的价值取向相违背，由此，目前我国有关价格宏观调控的规范性文件还应当做进一步的完善和修改。

（二）秩序和谐价值

秩序，在汉语中，由“秩”和“序”组合而成。从广义上来讲，秩序与混乱、无序相对，总是与一致性、连续性和确定性等特征相联系，表现为有序的状态。社会秩序是指人们在长期社会交往过程中形成的相对稳定的关系模式、结构和状态。从静态上来看，秩序是指人或物处于一定的位置，有条理、有规则、不紊乱，从而表现出结构的恒定性和一致性，形成一个统一的整体。就动态而言，秩序是指事物在发展变化的过程中所表现出来的连续性、反复性、规则性、条理性和可预测性。秩序是人类社会存在的基础，也是人类社会发展的条件。

在制度层面上，法律作为国家创制的行为规则，是以国家名义发布并为全社会人们所遵循的行为准则，具有强制性和权威性。“法律在预防和制止无序状态方面起着其他社会调整手段（道德、习俗、宗教）不能取代的作用。”① 法律的目的正是规范和统一人们的行为，使人们的行为统一和合乎规则，进而建立起社会所需要的强制性秩序。可见，“法的秩序价值是法能够用它特定的方式建立和维护强有力的社会秩序，来满足社会的需要”。②

（三）社会整体效率价值

效率，是经济学上的概念，是指从给定的投入量中获得最大可能性的产出。“任何制度都必须确定资源配置、产出组合和产出分配。”③ 法律制度作为一种制度安排对资源配置也产生巨大的影响。因此，法律制度安排要从效率的角度进行。如今，效率价值在法学领域备受关注。效率是现代市场经济的必然规律，价格宏观调控法律制度是市场经济条件

---

① 卓泽渊．法理学［M］．北京：法律出版社，1998：187.

② 卓泽渊．法理学［M］．北京：法律出版社，1998：187.

③ 阿弗里德·马歇尔．经济学原理［M］．北京：商务印书馆，1983：34.

下的制度，当然应以效率为自己的价值追求。价格宏观调控往往是在市场出现效率低下时进行的，国家此时干预的根本目的在于恢复市场效率，这也是现代政治国家经济权力的运用。在价格宏观调控的活动中，不管是调控的目的、内容还是手段都具有典型的效率性。效率是调控活动的核心内容，在结果上是对社会整体利益的追求，在过程中是觅求制度设计的合理要求。这些都要将效率价值考虑其中。

价格宏观调控法律制度所追求的效率价值，不是单个的效率，而是经济社会共同发展的效率。在市场经济中，不可能存在真正完全竞争的市场，利益的个体化必然会催生私利行为，从而导致社会效率的减损，危害社会整体利益，造成市场的动荡、经济秩序的紊乱。因此，在创设价格宏观调控法律制度时，就要从社会整体效率的角度对规则、行为模式和可能的法律后果进行规定，要求规则的统一，行为模式的安全，法律责任的承担和救济途径。价格宏观调控法律制度的实施触及所有的市场主体，他们之间的互动效果体现出该制度运行的好坏，具有明显的回应性。价格宏观调控法律制度的目的不是压制市场的发展，而是通过建立良好的法律模式来恢复价格运行规律，获得市场效率、社会效率。传统私法强调个人效率，忽视了社会整体效率和国家效率；而传统公法反过来又过分强调国家效率，忽视了个人效率和社会整体效率；作为公、私法交融的价格宏观调控法律制度注重个人效率与国家效率的平衡，追求社会整体效率的实现。

市场经济充满竞争，竞争的过程和结果都体现了对效率的追求。价格宏观调控法律制度必然遵循价格规律，追求效率价值。但是，价格宏观调控法律制度的社会本位性决定了其所追求的效率不是简单的个体利益，而是综合市场因素和社会因素的社会整体效率。凸显社会性，注重宏观的经济发展、长远的经济利益和社会福祉，即其追求的效率最大化是以社会整体效率为出发点和归宿。价格宏观调控法律制度的社会整体效率价值在实践中主要表现在：

第一，立法中的社会整体效率优先。效率居先是市场经济的必然规律，每一个市场主体不仅必须有效率的观念，而且一定要把效率置于居先的位置。① 社会整体效率在立法上优先，即在立法中把握价格宏观调控法律制度产生的原因是市场的失灵，产生的目的是恢复市场的有效运行，规范政府的价格调控行为。在立法设计上，就要充分考虑能够承担此任务、实现市场中社会整体效率的法律结构和内容。

第二，调控过程中的社会整体效率优先。国家价格宏观调控机关在依据相关价格宏观调控法律制度进行调控时必须具有效率观念，迅速、有效地完成调控行为，为市场主体提供快捷、安全的环境。价格宏观调控之时就是市场失灵之时。此时，社会整体利益已经开始受损或已受损颇多，市场

---

① 张文显．市场经济与现代法的精神论略［J］．中国法学，1994（6）：5-12.

中的社会效率已遭破坏。为此，社会整体效率必须得到及时、切实的提高。

第三，价值冲突时的效率价值取舍。市场经济复杂变幻，行为主体各行其是，在具体的价格宏观调控法律关系中，可能发生各种价值的冲突。此时，价格宏观调控法律制度以社会整体效率价值为首选，以保证市场的稳定运行为目标，哪怕部分市场主体的个体效率会受到损害，也要坚持社会整体效率价值的优先性。

（四）保障民生价值

建设和谐社会、小康社会，其出发点和归宿都指向民生。民生一词向来与“国计”相联系，从而一直有国计民生之说。据史书记载，“民生”一词在我国史书上最早见于《左传·宣公十二年》，即“民生在勤，勤则不匮”。通俗而较权威的解释见于《现代汉语词典》，即“民生”是“人民的生计”。也就是说，民生问题涉及人们的衣、食、住、行、生、老、病、死等个体生活、生存所必需的物质环境和条件。在笔者看来，民生问题首先需要考虑的是社会成员或者社会大众维持其基本生存所必需的物质环境（如收入水平与物价水平）与条件（如现实收入及财富的多少），主要涉及人们衣、食、住、行的基本需要及其满足程度。

经济法的宗旨之一是通过克服市场缺陷，保障民生。经济法之所以确立保障民生的基本价值，主要是基于这样几个方面的考虑：第一，人的生存是人类最基本也是最根本的需要。“在人性的品格构成中，生是第一位的，是其他人性品格的基础或前提，也就是说，生存乃是人的第一需要”①。第二，克服市场困境的需要。市场机制最大的弊端之一就是它在抽象人格理念下，以追求形式公平为满足，因此，它既要制造弱者、贫者，而又不同情弱者、贫者，如果没有市场外的援手（包括公权力的介入和法律制度对市场缺陷的矫正），一些人走向赤贫，流浪街头，甚至因饥饿而亡，就绝对不再是言过其实或危言耸听。作为产生于市场失灵并以克服市场失灵为己任、作为产生于人性并以人性的最优化保障为目标的经济法，其最大的使命就是保障人人有生存的基本条件。第三，当代资本主义国家的功利需要。众所周知，按照马克思主义的观点，资本主义固有的社会矛盾必然导致资本主义制度的灭亡。然而，正是因为经济法的出现才使资本主义找到了一根“救命稻草”，并给予了资本主义制度喘息的时间。这是因为，在人性视野下，资本主义社会的基本矛盾实际上也是人性矛盾在商品运动中的体现。而不论何种社会，包括以商品、市场为基本经济形态的资本主义社会，只有各种矛盾加剧到威胁人性的最基本需要，即人们到了活不下去的边缘的时候，才会发生大规模的社会动荡乃至发生

① 胡光志．人性经济法论［M］．北京：法律出版社，2010：22.

“革命”，这时才有可能产生“改朝换代”般的制度更迭。也就是说，包括资本主义在内的任何一个社会，如果发生革命，或者说人民起来革命，说明这个社会已经突破了人性需求的最低限度——该社会已经无法保障一些阶层人民的最起码的生存需要。纵观人类历史，发生革命的原因有许多，除了少数是基于政治、宗教等原因外，绝大多数都是基于大规模的自然灾害、人民的普遍饥荒或者底层人民（包括无产阶级）的处境严重恶化而引发的。与之相反，当一个社会的底层人民还能“有一口饭吃”，还能勉强维持生计、拥有生存所需的温饱的时候，这个社会爆发动乱或“革命”的可能性就比较小，这个社会也就有可能继续维持下去。①

就价格与民生的关系来看，一般而言，具体商品或服务的价格，即微观价格的变化固然会直接影响到民生。但由于市场上的具体商品或服务有竞争性和可替代性，因而个人可以通过选择在一定程度上加以规避，如当某个名牌商品价格太高时，个人可以通过选择不消费或者少消费该商品的方式规避，或者只选择非名牌商品消费的方式加以回避，因而微观价格变化一般情况下不可能直接造成大面积的民生问题。然而，宏观价格——价格总水平的波动，情形大不相同：一方面，当社会的收入总水平一定，而价格总水平下降时，民

① 胡光志．人性经济法论［M］．北京：法律出版社，2010：231.

生会得到改善，相反，当社会的收入总水平一定，而价格总水平上扬时，民生就会受到影响；另一方面，特别值得注意的是，在一般情况下，价格总水平波动对民生的影响，是社会大众无法选择和回避的。因此，价格宏观调控法律制度在规制价格宏观调控的过程中必须以保障和促进民生为价值目标，且必须将保障民生作为检验价格宏观调控及价格宏观调控法律制度实施效果的重要尺度。

价格宏观调控法律制度的民生价值主要通过以下制度安排得以体现：首先，有关国计民生的重要商品、物资的价格，国家可以通过政府定价或限价的方式加以控制；其次，有关国计民生的重要商品的调价，需要经过政府的审批或备案或者要经过严格的价格听证程序来实施；再次，国家通过重要物资储备、价格紧急措施等，保障紧急、特殊情况下重要民生物资的供应；最后，国家通过对日常物价总水平的监测和调控，保障民生的质量和安全，尽量保障物价总水平的波动不至于从根本上伤害到人民的基本生活环境和条件。

第四章 发达国家价格宏观调控法律制度及其启示

我国价格宏观调控发展的历史不长，与世界上发达资本主义国家相比，我们还处在初级阶段，在价格宏观调控的立法上，当然也就显得十分滞后。在全球化的今天，我们不用像其他发达国家一样必须经历一个“摸着石头过河”的历程，而可以采用“站在巨人肩膀上发展”的构建方式。然而，要踩准“巨人的肩膀”，必须对“巨人”的历史做较为深入的洞察。鉴于经济发达国家经过多年的探索发展已经建立了较为完备的价格宏观调控法律制度，为此，本章不针对也不可能针对所有国家的价格宏观调控法律制度作详细介绍，而挑选当今世界上价格宏观调控发展历史较长的美国、法国为代表，同时也选择我们的邻国——日本作为探讨的“样本”。追溯历史的目的在于展望未来，为此以求通过分析历史，借鉴他们立法上的先进之处，结合我国自身的政治经济、历史文化传统，设计一套适合我国的价格宏观调控法律制度。

一、发达国家价格宏观调控法律制度——以美、法、日为例

（一）美国价格宏观调控法律制度

美国的价格宏观调控法律制度已经成为美国经济法律制度不可或缺的组成部分。从制度构成及其历史变化观之，美国价格宏观调控法律制度的主要内容及其特点包括以下几点。

1. 主要内容

美国的价格宏观调控法散见于反垄断政策，财政、货币政策以及特殊时期的价格宏观调控政策当中。

（1）反垄断政策。市场经济的核心是价格机制，而价格机制作用的有效发挥依赖于充分的市场竞争。美国资本主义早期对经济的自由放任而不加调控，为垄断的迅速发展壮大提供了肥沃的土壤。到 19 世纪末，垄断已成为美国经济中的一种主导现象，垄断组织、垄断价格的形成限制了市场竞争，对价格机制作用的发挥产生了破坏性的影响。鉴于此，美国政府意识到必须限制垄断、防止垄断价格的形成才能维护公平的市场秩序。在这种背景下，美国先后通过了《谢尔曼反托拉斯法》《克莱顿法》《鲁宾逊—帕特曼法》等旨在防止垄断、维护市场竞争秩序的法案，并成为最早通过反垄

断立法的国家。[①] 在众多的反垄断立法及政策当中，《谢尔曼法》对价格垄断行为的限制作了专门而详尽的规定。首先，该法对价格垄断行为的限制比较全面。它将价格垄断行为分为两种：横向限制和纵向限制。[②] 横向限制是指竞争对手之间进行的合意行为[③]；纵向限制是指发生在买方—卖方连锁式的公司之中，包括从原料供应商到最终商品消费者之间的联合行为。[④] 如此详尽的价格垄断形式，增强了可操作性，解决了价格监管中的调查难、认定难的问题。其次，该法对价格垄断行为苛以严格的法律责任，重者将被认定为犯罪行为。如果参与人是公司，将处以不超过 100 万美元的罚款。如果是个人，将处以不超过 10 万美元的罚款，或者是 3 年以下的监禁，或者由法院酌加。[⑤] 美国正是通过如此严格的处罚来维护正常的市场竞争秩序。最后，与完备的法律规定相配合，实践中还采取积极有效的执行手段，使该法的可

① 田杨．后危机时代美国价格宏观调控法律制度考［J］．现代法学（增刊），2012：131.

② George Stigler. The Economists and the Problem of Monopoly［M］. American Economic Review，1982：1.

③ 邢才．美国的反垄断法：百年经验与总结［J］．唯实，2000（7）：48.

④ 王建敏．市场经济与宏观调控法研究［M］．北京：经济科学出版社，2005：266.

⑤ 林志强．欧盟重锤价格卡特尔对我国的启示与借鉴［J］．价格理论与实践，2002（1）：87.

操作性更强，促进了其作用的有效发挥。

（2）财政、货币政策。除了反垄断政策及法律，美国政府一直都非常重视运用财政及货币政策来实现对价格的宏观调控。美国政府为调节价格总水平所采取的财政政策多具稳定性、针对性，通常通过调节税率、改变税收规模、调节财政支出规模等一系列财政手段来影响总需求，进而间接影响价格总水平。如为了抑制通货膨胀而采取减少财政赤字、紧缩政府消费的政策。① 相比之下，其所采取的货币政策受经济理论的影响更加明显。20 世纪 70 年代以前，货币政策的理论依据主要是凯恩斯主义经济学，因此认为货币政策应该具有积极性，应该根据经济运行的状态做出动态决策，以熨平经济周期，实现经济增长和抑制通货膨胀这两大目标。这一时期主要采取的相机性货币政策，并且更加注重对利率的调节，通过利率的变动影响投资进而影响总需求，最终达到调节价格总水平的目的。② 运用的主要政策工具有：贴现率、法定存款准备金率、公开市场业务。在此以后，美国的货币政策明显受到货币学派的影响，以调节货币供应量为主要内容。在此影响下，美国政府通过确定各层次货币（M1、M2、M3）数量的增长率实现控制价格总水平的目的。

---

① 刘长琨．美国财政制度［M］．北京：中国财政经济出版社，1998：92.

② H. N. 沙伊贝等．近百年美国经济史［M］．北京：中国社会科学出版社，1983：119.

(3) 价格管制政策。在奉行价格自由的美国，尽管十分反对对价格的直接干预，但一直没有放弃价格管制政策的运用。美国所采取的价格管制政策包括针对特殊行业的价格管制政策以及在特殊情况下采取的临时价格管制政策。美国政府价格管制的特殊行业主要包括农产品价格、军用品价格以及公用事业价格。而特殊情况下采取的临时价格管制政策主要针对在战争、重大自然灾害、价格暴涨暴跌等特定期间颁布临时法令，进行价格管制，如“二战”结束时，美国所采取的战时物价管制政策。

2. 主要特点

美国价格宏观调控法律制度的特点，主要体现在以下几方面：

(1) 从立法体例来看，美国没有独立的价格基本法，采取的是分散型的价格立法模式。与美国所奉行的经济思想相对应，其对市场的干预程度较弱，因此，在价格宏观调控领域没有形成单独的立法，而是分散包含在诸如反垄断法、竞争法等法规当中。有人甚至认为，美国的价格法规就是指反垄断法以及竞争法中的有关条款，这是有一定道理的。虽然没有独立的价格基本法，但也形成了较为严密的价格宏观调控法律体系，其中《谢尔曼反托拉斯法》对防止垄断作出详尽的规定，《联邦贸易委员会法》旨在保护公平竞争的市场秩序，《鲁宾逊—帕特曼法》对防止价格歧视作出规定，《联邦行政程序法》则对具体的价格听证制度作了规定。

（2）在多数情况下，美国的价格宏观调控由州与地方政府负责，没有设立专门的价格宏观调控机构。由美国独特的政体及法律体系所决定，在其整个宏观调控体系之中没有设立专门的价格宏观调控部门，多数情况下，是由各州与地方政府负责。没有专门的管理机构不等于不重视对价格的调控，恰好相反，美国是把对价格的宏观调控融入对整个国民经济的监测与调控之中。就美国政体而言，间接履行价格宏观调控职能的部门主要有两个：一是联邦贸易委员会，它属于独立机构，由 5 名委员组成，委员由总统批准，联邦政府任命。这些委员的作用相当于法官，对案件作出裁决。当事人不服裁决可以到法院上诉。二是司法部的反托拉斯局，它主要起公诉人的作用，在认定行为人违反竞争法后，向法院提起诉讼，它在部分州设立有办事处。两个部门的工作各有侧重，前者主要处理食品、医疗、药品等与消费者利益密切相关领域的监察、监督；而后者主要针对不正当的价格行为。在实际工作中，两个机构并非完全隔绝，而是常常沟通，避免重复处理现象的出现，对重要案件还会联合办理。除此之外，美国政府的其他机构也会间接地为价格宏观调控提供配合，如美国联邦政府商业部的统计局，负责对市场价格水平进行监测，从而为政府对价格进行宏观调控提供重要的数据信息。

美国虽然是一个倡导经济自由的国家，但其政府对价格的宏观调控却有很长的历史，并形成了独特的宏观调控方法和经验。首先，在经历了实践的发展和检验后，逐步确立起以市场形成价格为主，同时不放弃运用有限管制价格的宏观调控思想；其次，在价格宏观调控目标的确立上，美国政府不再将对总量的调控作为唯一目标，而是开始关注同样重要的结构性调整，并配以相应的法律、政策；再次，构筑了较为完善的价格法律体系，使政府职能部门的价格调控权限、范围、程序、手段制度化、法律化，对市场秩序的维护起了积极作用；最后，依靠法律法规建立起规范有力的价格管理机构并严格执法，有效地保障了价格法规的实施和促进了经济的发展。

（二）法国价格宏观调控法律制度

法国的价格宏观调控是在其独具特色的计划调节管理体制背景下进行的。在价格领域，法国实行的是一种融计划与市场为一体的管理模式，并试图走一条介乎于高度集中的计划与完全的市场调节之间的中间道路，① 即强调市场价格机制的作用与宏观经济管理目标的统一性和协调性。一方面，强调市场竞争是充分的，市场价格机制是必需的；另一方面，认为政府的力量是强大的，政府能通过计划、产业政策、发展战略等各种手段，强有力地引导市场价格机制运行的方向。

① 张守文，于雷．市场经济与新经济法［M］．北京：北京大学出版社，1993：289.

1. 法国控制价格水平的措施

法国对价格水平进行控制所采取的措施主要包括：

（1）价格冻结。这是法国控制物价的重要手段，法国曾先后采用过10多次价格冻结的手段与措施，这在发达国家是非常罕见的。① 价格冻结是一种非常严厉的物价控制措施，主要是临时性的。它以法令的形式将物价冻结在规定日期的价格水平上，政府设有许多价格监督员进行监督检查，遇到违反价格冻结决定、擅自涨价者，即依法惩办，轻则罚款，重则判刑。这一措施对阻止价格的持续上涨有着立竿见影的效果。但它完全排除了市场因素对价格形成的影响，直接导致市场价格体系的扭曲和变形。所以，冻结价格只是政府在特定情况下不得已而采取的短暂措施。

（2）合同制约。这是法国价格管理特有的一种价格管理方式，比较灵活，也曾为稳定法国国内价格做出了重要贡献。它是法国政府同行业、部门甚至企业共同管理价格、限制涨价的手段。合同制约的主要形式有：稳定合同，是政府与行业之间签订的一种合同，规定在行业价格水平不变的情况下，行业可以自己定价（一些产品涨价，另一些同行业产品必须降价）。纲要性合同，也是一种政府与行业之间签订的合同，强制性比前者小。它规定行业企业可自定价格，但

① 顾海兵，徐忠海，马燕敏．法国价格管理经验及其对我国的启示［J］．北京行政学院学报，2002（5）：38.

必须接受在投资、生产、进出口计划方面的义务，接受收入增长控制目标。反涨价合同，它是政府同部门签订的合同。一方面政府承诺不增加任何税收，从而避免增大企业成本；另一方面将各个经济部门的价格上涨、劳务收费标准限定在某种价格水平上。年度纲领协议，是政府与行业、大中型企业集团签订的一种年度协议，规定一年内的价格变化，签订协议的企业可以调价，但不能超过规定的水平。

(3) 控制总需求。紧缩的财政货币政策是稳定物价的重要手段。货币政策主要以控制货币总量为核心，开始以控制贴现率为主要手段，后来实行了强制准备金制度控制货币信贷量，以后又规定了货币总量增长指标，规定每年的货币总量增长率。这对于限制货币总量增长，控制价格水平起了不小的作用。紧缩的财政政策包括增加税收，减少政府开支，如减少公共工程开支、政府转移支付等。此外，政府每年提供给国会的财政预算法案中对下一年经济形势预测中有通货膨胀率预测，而法国从 1983 年起把工资上涨率同预期的价格上涨率挂钩，较低的通胀率预期可以减少工资成本或对实际价格上涨的压力。

(4) 促进竞争。法国经济界、学术界人士普遍认为，只要竞争充分，消除垄断、欺诈现象，价格会自动趋向合理。国家竞争委员会的建立就是这个目的，通过建立高度发育的市场体系、制定完善的法律、加强执法监督检查，就可创造良好的市场竞争环境。

此外，法国政府在紧急时期，尤其是经济危机时期，对价格还实行过强制降价和规定价格浮动幅度等特殊干预措施，同时，法国政府还十分注重对农产品价格和公用公益产品价格的调控。

2. 法国价格宏观调控法律制度的特点

首先，法国采取独立型的价格立法模式。法国制定了《价格放开和竞争条例》作为基本的价格法，除此之外，法国还颁布了《强制价格法》《消费者利益保护法》等相关法律对价格行为做出规定。《价格放开和竞争条例》作为法国干预价格的基本法令，有关价格的规定具体表现为：(1) 价格由市场主体根据成本和市场发展自行确定。该法令第 1 条就规定：价格通过竞争自由形成。(2) 禁止歧视性销售。销售同等数量、同等质量的商品，如果付款期限和交货日期相同，则销售价格必须相同，否则构成价格歧视，直接受害人可以指控。(3) 削价必须统一规范。对于削价商品，首先要标出完税价格，然后写明最近 30 天的最低价格和原价。(4) 销售商品必须明码标价。所有产品的出售者和服务提供者都应该通过做记号、贴标签、贴广告或者其他适当的方式告知消费者商品的价格。① (5) 在竞争因经济结构（如法定垄断）或者市场行情等特殊原因不能正常发挥作用时，政府

① 韦大乐．法国的价格体制与法律制度［J］．中国物价，1998（6）．

保留对价格进行干预的权力。但政府的干预是受到严格限制的。政府对价格的调整只能是在咨询了全国消费者委员会之后，以法规的形式做出，并且干预措施只能是临时性的，持续时间最长不超过6个月。① （6）价格违法行为一经调查确认，当事人轻则得不偿失，重则倾家荡产，甚至还要受牢狱之苦。具体包括以下处罚：警告或责令改正；禁止销售有关商品；没收销毁违法商品；曝光，包括在违法企业正门张贴公告或通过媒体曝光；对自然人罚款；判刑，最高2年刑罚，如自然人拒交罚款也要判坐牢，直到罚款缴清为止。②这种严厉惩治的威慑力，对于规范法国价格秩序起着重要作用。

其次，法国还设立了负责价格监督的机构，即竞争、消费、反欺诈总局。这个机构隶属于经济财政部，它进行监督的重点是市场价格秩序、反欺诈和垄断，旨在保护正当的市场价格竞争，保护消费者的权利。③ 竞争、消费、反欺诈总局在各大区和省设有分支机构，实行垂直领导，不受地方政府管辖。这个机构的执法权集中体现为调查权，一般不对被

---

① 叶秋华，宋凯利，郝刚．西方宏观调控法与市场规制法研究［M］．北京：中国人民大学出版社，2005：213.

② 赵全新．法国瑞士价格监管情况与启示［J］．中国物价，2005（6）．

③ 孙凤华．法国的价格监督体制［J］．价格月刊，2003（2）．

检查单位作出处罚决定。法国还设有一个特殊的价格裁决机构——全国竞争委员会。它是一个介于政府与法院之间的相对独立的机构。该委员会的16名成员分别来自法律、政府、企业三方面的代表，委员会主席由总理任命，两位副主席分别为法官和私营企业或行业代表。其职责是对竞争方面的违法案件进行裁决，裁决结果具有法律效力，企业不服，可以向财政部上诉，再不服可向上诉法院上诉。① 该委员会还参与政府决策，对放开或管理价格提出自己的意见。法国价格监督机构设置的典型特点是调查权与处罚权相分离，由不同的部门分别行使，便于各个部门之间互相监督制衡，保障政府的价格监管合法公正。

（三）日本价格宏观调控法律制度

日本实行行政导向型市场经济模式。② 这种市场经济模式与所有市场经济模式一样，亦十分注重市场机制的作用，但也有其自己的特色。反映在价格宏观调控领域，日本建立起了政府适度控制下的自由价格管理体制，即以间接调控为主，适度集中管理与间接有效调控相结合的价格宏观调控制度。

---

① 刘刚．对市场经济条件下价格监管体制的思考［J］．中国物价，2000（6）．

② 叶秋华，宋凯利．日本的市场经济模式与宏观调控法论析［J］．法学家，2003（4）：40.

1. 日本价格宏观调控法律制度的特点

（1）日本采取独立型的价格立法模式。日本的价格宏观调控是以健全的法律和政令为依据的，因此形成了较为完备的价格法律法规体系。除制定专门的价格法律《物价统治令》外，日本还颁布了维护合理竞争秩序的《关于禁止私人垄断以及确保公正交易法》，保护农产品价格的《农产品价格稳定法》《蔬菜生产交货安定法》《蚕丝价格安定法》和《粮食管理法》等法律法规。1946年制定的《物价统治令》，是日本政府干预价格的基本法规。它严格规定了政府统制价格的种类、范围、方法与幅度，还确定了政府制定商品价格的依据和程序，曾在战后初期对价格管理起过决定性作用。① 后来随着经济的发展，该法几经修改，已经变得非常灵活。在日本的价格法体系中，农产品价格法令占有重要地位。在有关农产品法律中建立了：稻谷的双重价格制度，生丝、肉食品的稳定带价格制度，蔬菜、鸡蛋稳定基金价格制度，等等。② 另外《关于禁止私人垄断以及确保公正交易法》是日本重要的维护自由市场、稳定合理价格的法令。该法令虽然是针对垄断问题而制定的，但与价格宏观调控有着密切的联系。在这部法律中，关于一个经营者达到何种程度的市场占

---

① 杨素友，钱亮．日本的价格管理及其启示［J］．价格月刊，1994（3）：17.

② 任文侠，吕有晨．日本的宏观经济管理［M］．航空工业出版社，1998：258.

有份额就可以认定他处于垄断地位的界定是非常具体的。如此详尽的规定在相当大的程度上限制了垄断价格的上涨。总之，日本政府的价格立法具有适应性强、内容具体、与其他经济管理法律相协调一致的特点，为日本政府成功地调控价格奠定了基础。

（2）建立了以总需求管理为中心的价格宏观调控政策体系。为了稳定物价，政府在财政政策方面，压缩预算规模，控制公共事业的发展速度，减少国债发行，利用税率及税制的变化来调节总需求。这方面，日本与美国类似，拥有强大的中央财政，因而财政政策相当有力。在金融政策方面，则通过中央银行贴现率、存款准备金率及公开市场业务等，调节经济中的货币供应量。①

（3）注重供给管理政策的有效运用。在供给方面，政府注意保持稳定地供应生活必需物资及其他物资，如对蔬菜、水果、肉类、水产品等与国民生活关系密切的食品实行计划生产及交货指导等。政府尤其重视促进生产效率的提高。在政府看来，农业部门和流通部门的生产力不易提高，是物价上涨的主要原因之一。因此，政府采取了各种旨在改变供给结构的产业政策，如在农业部门，通过产业政策把农业改造成生产率高的农业，保证食品的稳定供应；在流通部门则实

① 逄金玉．日本型市场经济研究［M］．北京：中国社会科学出版社，1999：129.

施流通合理化产业政策；等等。

（4）具有一个相当完备的、能充分发挥协调作用的综合性价格宏观调控机构体系。就中央决策机构而言，日本内阁设立了“关于物价问题的有关阁僚会议”，其正式成员包括内阁大多数大臣及总理府主要官员。凡有关稳定物价的重大问题以及调整公共收费的问题都需要在这个阁僚会议进行协调、审议。日本价格宏观调控的执行机构是总理府经济企划厅的物价局，其职责是制定综合性的基本物价政策，对各有关行政机关的物价政策进行协调。① 此外，日本中央政府还设立了“物价安定政策会议”。② 这是有关物价政策问题的咨询机构，其成员由学术界、经济界、消费者社会团体和舆论界等方面的有识之士组成。该机构的职责是向政府反映各界有关物价的意见和要求，审议政府的物价政策方案。为了执行中央政府的物价政策，地方政府（地方自治体）也分别设置了相应的有关物价的行政机构（如消费生活课或消费流通课等）。自20世纪60年代至70年代中期，日本已经形成了一个在内阁直接领导下，以经济企划厅物价局为主体、有关政府部门相互协调、中央与地方相结合、决策与咨询融为一体的综合性价格宏观调控体系。

---

① 高析．日本价格管理体制的发展和特点［N］．中国信息报，2010-12-01.

② 许思奇．日本市场经济法制［M］．沈阳：辽宁大学出版社，1999：180.

另外，日本设立了公正交易委员会来行使价格监管的职能。公正交易委员会是一个相对独立的行政部门，直属于总理大臣，专司反垄断和不正当竞争（包括价格垄断和不正当价格竞争）的职责。它拥有相当大的独立权限，包括立法和司法双重权力。公正交易委员会由 1 名委员长和 4 名委员组成，下设事务总局。5 名委员是决策机构，委员长对外代表公正交易委员会，但与委员之间不是命令服从关系，公正交易委员会的一切决定，均以和议多数表决。事务总局是执行机构，下面设有办公厅、经济交易室、审查室。公正交易委员会本部设在东京，然后按经济区划在全国设置 7 个分支办事处。地方政府本身不设专门机构承担这个职能，而是在全国设立一个权威性高、综合性强的专门执法机构，重要案件由这个机构行使裁决权或提交法院裁决。① 这样的机构设置加强了执法权力独立性，使其不易受地方政府的干涉。

（5）重视改善市场结构。这方面，日本政府非常重视充实和改进市场组织，提高市场效率，保护市场价格机制的充分作用。具体措施有：创造完善的竞争条件，这是价格政策的基础。只有存在公平自由的竞争，市场才会发挥其固有的资源配置功能。为此，严格执行《禁止垄断法》，以取缔卡特尔和不公平交易。重视批发物价的稳定。促进批发物价市

① 王建敏．市场经济与宏观调控法研究［M］．北京：经济科学出版社，2005：264.

场的健全和发展，支持大型批发商在市场中的稳定地位，保持批发物价基本稳定，是日本政府管理价格的一个重要特点。① 向公众提供信息和改进信息工作。广泛地向国民提供有关供求和价格动向的正确信息，抑制通货膨胀恐惧心理，防止哄抬物价，并通过各种监督机关和公共团体（如消费者团体等）加以监督，交流信息。

2. 政府直接干预价格的政策

日本政府对价格实行直接干预的主要是公共收费和农产品价格，并制定了一系列政策：农产品价格政策、公共收费政策、有关事业许可证政策、认可政策，等等。公共收费是指国会、政府或者地方政府直接决定的收费价格。由国会决定的公共收费有：电报费、电话费、邮费、国营铁路运费、国产香烟的最高价格等。由政府决定的价格有：国立大学的学费、大米的购销价格、社会保险医疗报酬及各种手续费等。由政府批准的有：电费、城市煤气费、私营铁路运费、公营汽车票价、出租汽车运价、卡车运费、定期客轮票价、飞机运价等。由地方政府决定的有：公营自来水费、公立学校的学费等。在消费物价指数中，公共收费所占比重大约15%，公共收费对消费品物价有相当的影响。

① 顾海兵，徐忠海．日本价格管理及启示［J］．经济研究参考，2003（29）：40.

3. 几种主要的价格补贴制度

（1）蔬菜价格补贴制度。日本政府为了稳定蔬菜价格，制定了《蔬菜生产、交货安定法》。该项法规规定，在指定生产基地生产指定的蔬菜。在加强生产及交货计划的同时，为使菜农安心从事蔬菜生产，建立了蔬菜补贴制度。即当蔬菜价格下跌时，由蔬菜安定基金会通过交货团体向菜农按规定的办法支付“差价补助金”。蔬菜安定基金会的资金由中央政府、地方政府和菜农三方共同负担。其中，中央政府负担70%，地方政府负担15%，菜农负担15%。

（2）食肉价格安定制度。为防止食肉价格大起大落，保护畜产业的再生产，日本政府建立了食肉价格安定制度。其内容包括：事先设定安定价格带，如食肉价格（批发）下跌到安定价格带的下限价格（安定标准价格）以下，由生产者团体或畜产振兴事业团（半官方机构）购入并储存，待价格回升时再出售。

（3）鸡蛋价格安定制度。由畜产振兴事业团、地方政府和生产者团体共同出资，成立全国鸡蛋价格安定基金会。基金会通过各地的农民团体与生产者签订有关鸡蛋价格补贴的基本合同（为期3年）和年度合同。根据合同规定征收补贴公积金。如果合格鸡蛋的标准交货价格低于补贴标准价格时，由基金会通过农民团体向生产者支付相当于差额90%的补贴。

（4）大米价格管理制度。日本大米的生产、购销和价格由农林水产省负责管理。农林省每年根据前几年的消费趋势制定大米生产流通和消费计划，并将计划需求量通知给地方政府，再逐层通知到市、町、村，作为农民申请交售的限额。其中，政府收购50%，称“政府米”，另一半为“自由流通米”。“政府米”价格由政府规定，购销价格在批发环节倒挂。对零售价格只规定一个指导性标准价格。由于有“自主流通米”竞争，且其质优于“政府米”，故“政府米”价格低于“自主米”价格。

（5）保证最低价格制度。日本政府为保证某些农产品的最低收购价格而采取了这一制度。主要运用于甘薯、马铃薯、淀粉等。政府对这些农产品规定最低基准价格，当市价跌到最低价格之下时，由政府按最低保证价格收购。其最低收购价高于销售价格（批发），其流通量的决定部分由政府控制，亏损部分由政府财政补贴。

二、发达国家价格宏观调控法律制度对我国的启示

通过对美国、法国、日本的价格宏观调控法律制度的分析，我们可以得出这样的结论：发达市场经济国家在价格宏观调控领域，一方面，有完备的价格法律体系，或者单独立法或者将相关条款分散于其他法律中，其中详尽的法律条款增加了实践的可操作性，严格的法律责任增强了对违法行为的威慑力，农业的特殊立法加大了对农业的保护。另一方面，又设立了专门的机构行使价格监督管理的权力。这些机

构地位高、机构精干、人员专业，在某种程度上相当于准司法权。除此之外，在非常时期政府还会及时颁布法令来直接冻结价格，但这仅是临时的不得已而为的措施。具体说来，我们可以从中得到以下几点启示。

（一）价格的形成靠市场调节与政府调控有机结合

价格主要靠市场竞争机制调节，但政府对价格并非放任不管。政府的价格宏观调控以市场规律为基础，对价格机制的缺陷加以纠正和弥补。哪些商品或服务的价格靠市场价值规律决定，哪些由政府干预甚至政府直接定价，国家对此都加以区别并实施相应管理。以美国为例，美国政府将企业分为竞争性和垄断性两种。美国政府对中小企业的自由定价一般不予干涉，对于其中具备垄断性特征的特殊行业的特殊商品和服务，依据反垄断法律的相关规定，如《谢尔曼法》《克莱顿法》《合并规则》等实施必要的价格管制，并区分重要程度和管理范围的不同，分别由联邦政府、州政府和地方政府依法行使相应的管理权限。

（二）对价格的宏观调控应以间接手段为主

发达国家都实行市场经济体制，虽然大部分商品和服务价格是在供求关系中形成和运行，但同时都非常注意对价格的宏观调控和管理。我国在坚持市场经济的同时，同样必须加强对市场价格的调控和管理，但也应以间接调控为主，既尊重企业的定价权，更要规范企业的定价行为，使其遵守价格政策和价格法规，并能获得合理利润。对于少数商品和劳务价格可以进行直接管理。

（三）价格监测制度较为成熟

发达国家普遍十分重视价格监测工作，并已形成一套较为成熟的价格监测制度。以日本为例，价格监测是政府各经济部门共同的职责。日本政府要求各经济部门都必须根据自身职能进行价格监测。履行价格监测职能的经济部门包括大藏省、总务厅、企划厅、公正交易委员会、日本银行、通产省和农林水产省等。具体地说，大藏省和日本银行负责对商品供求方面的监测，而企划厅、通产省和农林水产省负责对与人民生活密切相关的重要商品价格进行监测。物价调查员制度也是日本监测制度的重要部分，调查人员分布在各相关省厅，区分专职和兼职的调查人员，并且在全国范围聘请物价调查人员。

此外，社会中间层在价格监测方面的独特作用得到各国的公认。例如，美国政府制定商品价格变动情况定期报告制度，而这些信息、数据主要就来自行业组织。这样有利于政府及时掌握相关行业或商品、服务的生产经营变化情况，提高价格决策的科学性。日本农协的蔬菜稳定基金会和畜产振兴实业团分别对全国的蔬菜价格和肉类价格进行监测。

（四）非常时期的价格宏观调控制度较为完善

发达国家对于特定时期的商品价格采取了较为严格的管

制措施，并形成了比较成熟的制度，这主要表现在：一方面，对临时价格宏观调控措施的有效期限严格限制。在法国，在特殊时期或出现不正常现象时，政府应当尽量采取临时措施避免价格大幅波动，同时限定了临时措施的最长期限。另一方面，对临时价格宏观调控的范围做出明确规定。在日本，当价格出现非正常情况时政府只能对特定商品的价格进行管制。其《国民生活紧急措施法》第 3 条到第 11 条规定在非正常状态下，政府仅能规定生活必需物资的标准价格、特定标准价格和对违反者处以罚款等。在美国，政府严格限定特殊时期特定商品的价格管制，如 1982 年纽约雪灾时期，政府只对食盐价格进行了管制。

第五章　我国价格宏观调控法律制度及其存在的主要问题

无论是对价格宏观调控法律制度一般理论的界定，还是探寻价格宏观调控法律制度的理论基础及其价值取向，抑或对发达国家价格宏观调控法律制度的考察及借鉴，它们的终点都是要回归到对我国价格宏观调控法律制度的讨论，这也是本书的主旨所在。

一、我国价格宏观调控法律制度变迁

（一）我国古代价格法律制度考

我国价格立法历史悠久，在封建社会，尽管是诸法合体的时代，但从有关法典的记述中，不难发现价格管理的内容。可以说，历代统治者都非常重视对市场物价的监督和管理。我国古代价格立法多与管理政策交织在一起，内容丰富而杂乱，主要集中于对农产品的价格管理、对市场价格的管理等领域。

1. 对农产品的价格管理制度

历史上中国社会是个农业社会，自给自足的自然经济一直处于主导地位，历代封建政府无不实行重农抑商政策以扶持农业生产特别是粮食生产的发展，在价格管理上也采取了一系列有利于农业发展的措施。著名的“平籴思想”或“平粜思想”“常平仓制”“平准论”等就是典型例证。平籴思想，最早由范蠡提出。他说：“夫粜，二十病农，九十病末。末病则财不出，农病则草不辟矣。上不过八十，下不减三十，则农末俱利。平粜齐物，关市不乏，治国之道也”。① 其意就是主张政府用收购（籴）或抛售（粜）粮食的方法稳定粮价的一种政策思想。这一思想后来被李悝进一步丰富和发展。《汉书·食货志》载：“李悝为魏文侯作尽地力之教”，“曰籴甚贵伤民，甚贱伤农；民伤则离散，农伤则国贫。故甚贵与甚贱，其伤一也。善为国者，使民毋伤而农益劝”。假如正常年景每百亩收谷一百五十石，“是故善平籴者，必谨观岁有上中下孰。上孰其收自四，余四百石；中孰自三，余三百石；下孰自倍，余百石。小饥则收百石，中饥七十石，大饥三十石。故大孰则上籴三而舍一，中孰则籴二，下孰则籴一，使民适足，贾平则止。小饥则发小孰之所敛，中饥则发中孰之所敛，大饥则发大孰之所敛，而粜之。故虽遇

① 《史记·货殖列传》。

饥馑水旱，籴不贵而民不散，取有余以补不足也”。① 由上述可见，李悝平籴政策的具体做法是由国家在丰年征购粮食储存，到荒年时发放，这样“取有余以补不足”，以使丰年粮价不至“甚贱”，荒年也不至“甚贵”，使粮价保持稳定，既不伤农，也不伤民。“平籴”政策的实质，就是国家通过参与市场活动控制粮食的供求和价格，从流通方面入手来为农业生产创造一个良好的价格环境，促进粮食生产，达到农末俱利的目的。这类似于今天的粮食储备制度。李悝的“平籴”政策一直为历代封建官府所推崇，通过各种不同的形式具体实施，在中国价格史上有重大影响。

随着经济的发展，“平籴”政策后来具体化为常平仓制度。公元前54年，耿寿昌建议建立常平仓，“令边郡皆筑仓，以谷贱时增其贾而籴以利农，谷贵时减贾而粜，名曰常平仓，民便之”。② 虽然，常平仓制度的基本概念并未超出李悝、范蠡等提出的在谷贱时收购在谷贵时抛售的观念，但侧重点有所不同。李悝的政策主要是为了保证粮食供应，而耿寿昌的常平仓主要是运用价值规律以稳定谷价并发挥调剂粮食供求的作用。自常平仓创立之后，历代时有兴废，但它始终成为中国封建时期的重要经济政策之一。它之所以时有兴废，因为一方面它确能在一定程度上稳定粮价，调剂供求；另一方

① 《汉书·食货志》。
② 《汉书·食货志》。

面也因为它确实存在严重弊端。“外有利民之名而内实侵刻百姓。豪右因缘为奸，小民不能得其平”,① 这是历代常平仓制度的真实写照，反映出官办机构的一种普遍弊病。

无论是平籴策，还是常平仓，都反映出我国历代封建政府已经认识到，对于粮食价格如果国家不加干预，必时而病农，时而病民，社会永处动荡之中。这些制度在实行过程中虽然都有种种弊端，但都有其存在的合理性，并在当时确实起了积极的作用，对中国价格制度也产生了深刻的影响。

2. 对市场价格的管理

中国商品经济发展较早，政府对市场管理也极为重视。早在西周时即设有固定的市，每日定时开放，由王后直接领导，归“司市”管理。② 主管市场的官吏除“司市”外，还有“质人”“贾师”等多种名目。“司市，掌市之治教、政刑、量度、禁令”。③ 凡来往市区者，均规定由一定的门出入。市内摆放各种货物的肆亦有规定的地段，须行列整齐不得杂乱。入门处有官吏执鞭纠察，市内亦有官吏巡视，监督按规定交易。财货出入于市，须有“司市”发给的玺节方可通行，并严格规定“圭璧金障，不粥于市；命服命车，不粥于市；宗庙之器不粥于市；牺牲不粥于市；戎器不粥于市；

① 《文献通考·市籴考二》。

② 杨光华．古代市场价格管理简论［J］．西南师范大学学报（哲学社会科学版），1996（1）：62.

③ 《周礼·地官·司市》。

用器不中度，不粥于市；兵车不中度，不粥于市；布帛精粗不中数，幅广狭不中量，不粥于市；奸色乱正色，不粥于市；锦文珠玉成器，不粥于市；衣服饮食，不粥于市；五谷不时，果实未熟，不粥于市；木不中伐，不粥于市；禽兽鱼鳖不中杀，不粥于市”。① 凡进入市场的货物都要经“质人”“贾师”评定价格之后方可出售。对市场监督、检查非常严格，若“作淫声、异服、奇技、奇器以疑众，杀”。② 西周对市场和价格的严格管理体制和管理方法为历代官府所继承，到唐代更加制度化。唐代的市场，一方面还保存着历史相沿的市场制度，市场设于固定的地点，用围墙圈起来，入市有固定的时间，过时而罢。另一方面也略有变化，出现了经常开设的店铺，产生了“坐商”。唐代对市场的管理亦有严格的规定，凡市皆由官设，或经官家批准，除两京外，非州县不得设市。市内亦有固定位置的肆，如长安西两市各有一百二十行。大小市场均设有专官管理，两京诸市即设市令一人，巫二人，“掌财货交易，度量器物，辨其真伪轻重。市肆皆建标筑土为候，禁榷固及参市自殖者。凡市，日中击鼓三百以会众，日入前七刻击钲三百声，而众以散”。③

从周到唐，随着市场的形成和发展，对市场物价的管理

---

① 《礼记·王制》。
② 《礼记·王制》。
③ 《新唐书》卷48。

除了采用行政的、经济的手段以外，还采取了一定的法律措施。据《周礼地官司市》记载："凡市入，则胥执鞭度守门",① 即在市场门口，以手执铁鞭的武士守门，维持市场秩序。另据《后汉书补注》："军与民市，价不统一，设令以防抢夺"，即设专职官员，以维护市场定价秩序。到了唐代，对市场物价的管理，则载入了法典之中。如《唐律·杂律》规定："诸司市评物价不平者，计所贵贱，坐赃论；入己者，以盗论。"② 物价人员乱定物价，以盗窝藏赃物论处；舞弊受贿者，以强盗论处。又据《唐律》卷二十六载："诸司作斛斗秤度不平，而在市执用者，笞五十"；"若参市，而规自入者，杖八十。" 严禁在市场交易中用大秤小计，违者打 50 鞭；在买卖双方交易时，在旁高下其价，则打八十棍。可见，唐朝时，统治阶级即利用严刑酷法来维护市场物价秩序。这些思想还被以后各朝相继沿袭，直至封建社会结束。虽然在今天看来，这些规定未免有些野蛮和落后，但价格管制对社会稳定和发展的重要性从中可见一斑。

（二）我国价格体制改革与我国现行价格宏观调控制度的形成

我国价格宏观调控立法是与价格体制改革的步伐相适应的。1949 年 10 月中华人民共和国成立以后，国家采用了苏

① 《周礼地官司市》。
② 《唐律·杂律》。

联模式——高度集中的计划经济体制。计划包揽一切，致使商品价格成了实物分配的计量工具。① 国家长期采用行政手段对价格实行集中控制和管理，决定了国家没有也不需要制定价格法。其间，虽然也制定了一些价格管理规范，但无论是其宗旨，还是其内容，都集中体现了为计划服务的指导思想。十一届三中全会后，我国开始了全面的经济体制改革，尝试引进市场机制，大力发展社会主义商品经济。与此相适应，价格改革的历程也随之开始，价格立法提上议事日程。我国价格改革走的是渐进式道路，从 1978 年至今，已有三十多年历程。与经济体制改革相适应，价格改革以 1992 年邓小平南方谈话和党的十四大确立的市场经济体制为界限，大体上分为前后两个过程，前半程是突破旧体制，后半程是确立新体制。② 据价格改革中价格措施及价格管理体制的不同，可将价格改革历程进一步分为四个阶段。③

第一阶段（1979—1984）“调”“放”结合，以“调”为主，有限度地放开小商品的价格。1978 年之前，商品和劳

---

① 余兴发. 新中国价格体制改革的回顾与展望［J］. 财经研究，1999（11）：36.

② 王学庆，杨娟. 三十年价格体制改革的历程、成就与经验［J］. 中国物价，2008（9）：63.

③ 刘树杰. 中国价格改革的历程［J］. 中国物价，1998（4）. 樊纲. 1993 年中国经济分析［M］. 上海：上海人民出版社，1994：131-145.

务全部由政府决定的高度集权的计划机构制度和不合理的比价结构严重束缚了经济的发展。改革初期，政府采取了谨慎的态度，主要通过结构性的价格调整来达到理顺价格体系的目的。从1979年起提高了18种主要农副产品的收购价格和8种主要副食品的销售价格，对3类农副产品实行议购议销的市场调节，1980年后逐步放开小商品价格。在此阶段，经济价格调节中政府定价仍居主体地位，尽管放开了小商品价格，但其地位还不显著，价格改革模式仍摆脱不了“计划调节为主，市场调节为辅”的经济体制的束缚。① 这一阶段，价格改革除了以国家政策为保障外，国务院于1982年7月7日发布了《物价管理暂行条例》，该行政法规的施行成为价格改革的主要法律根据。

第二阶段（1985—1987）“调”“放”结合，以“放”为主，积极推进价格机制的转换。在第一阶段实践的基础上，政府认识到旧的价格管理体制是阻碍价格调节职能充分发挥作用的主要障碍，各级政府定价时间往往拖得过长，不能适应市场情况的变化。因此，决定放开一大批产品价格，以期增强价格的灵活性和调节作用。② 这个阶段是价格改革变化较多的时期。从1985年起，粮食由统购价和超购加价改

① 曾慧琴．中国市场价格体制的形成过程及实证分析［J］．东南学术，2004（5）．

② 成致平．中国物价五十年1949—1998［M］．北京：中国物价出版社，1998：34.

为合同定购价和市场调节价。合同订购价按“倒三七”（三成统购价，七成起购价）计价。生产资料价格中正式确认了实践中早已通行的价格双轨制，即同一产品同时并存计划价格和市场价格。① 同时，提高许多由国家定价的产品价格。消费品中的日用工业品，如缝纫机、手表、收音机、自行车、电冰箱先后放开了价格。这些措施不仅对当时的价格水平产生了影响，也对价格管理体制产生了深刻影响，市场价格机制在很大程度上渗透于经济生活的各个方面。② 与此相适应，1985 年国家发布了《关于进一步活跃农村经济的十项政策》，把改革农产品统派统购制度放在首位，同时还发布了《关于放开工业生产资料超产自销产品价格的通知》，奠定了价格双轨制的价格机制，使市场机制迅速渗透到各个部门，加快了价格机制的转换。

第三阶段（1988—1992）在价格双轨制的基础上强化物价管理，并通过调价解决一些突出的不合理的问题。1988 年开始，价格形势已呈现错综复杂的局面。价格管理中行政控制的松动及通货膨胀的客观经济形势，加上国家对部分商品的计划提价，使整个物价水平大幅度上升。1988 年下半年，爆发了全国最大规模的抢购风潮。1989 年，利用双轨制而发

---

① 成致平．价格改革三十年 1977—2006［M］．北京：中国市场出版社，2006.

② 成致平．中国物价五十年 1949—1998［M］．北京：中国物价出版社，1998：37.

生的“官倒现象”愈演愈烈，致使价格改革处于暂时的停顿状态。其间，国家发布实施了大量的行政法规，力图使价格改革和价格管理步入法制化、制度化轨道。① 在1987年颁布了《价格管理条例》，发布了《关于加强物价管理保持市场物价基本稳定的通知》，在1988年发布了《重要生产资料和交通运输价格管理暂行规定》《计划外生产资料全国统一最高限价暂行管理办法》。此阶段国家物价管理的加强，是与1985年后宏观经济环境恶化和前几年价格改革市场化程度超前而其他制度改革无法配套，尚未突破计划经济旧体制，政府价格改革阻力变大紧密相关的。

第四阶段（1993年以后）在价格机制市场化条件下，探索价格管理的规范化和法治化。1992年下半年，邓小平同志南方谈话，使全国上下、党内党外廓清了思路。建立社会主义市场经济体制，是我国经济建设和社会发展的必由之路。1993年宪法修正案明确规定“建立社会主义市场经济”“加强经济立法、完善宏观调控”。1993年11月，中共中央在《关于建立社会主义市场经济体制若干问题的决定》中对价格机制和价格法作了系统阐述。1994年1月1日，国家实施了与市场经济体制相适应的一系列改革措施，从而为制定价格基本法提出了迫切要求，价格立法也由此进入了新的发展

① 成致平．价格改革若干大事聚焦［M］．北京：中国物价出版社，2003：74.

时期。经过多年的研讨和论证之后，1997 年 12 月 29 日，我国正式颁布了《中华人民共和国价格法》（以下简称《价格法》）。《价格法》是我国价格法治化进程中的标志性事件，它使我国依法行政、依法治价的事业迈上新台阶。为了与《价格法》的实施相配套，1999 年 7 月 10 日，经国务院批准出台了《价格违法行为行政处罚规定》，并对其进行了两次修改：第一次修改是在 2004 年 2 月 21 日，主要对退款期限届满、多付价款如何处理以及因未退还多付价款引发的民事责任由谁来承担三个问题进一步明确；第二次修改是在 2008 年 1 月 9 日，为了防止价格由结构性上涨演变为明显的通货膨胀，修改后的《价格违法行为行政处罚规定》不仅加大了对经营者不遵守政府定价、政府指导价行为以及从事价格违法行为的惩罚力度，同时第一次规定了行业协会实施价格违法行为而应承担的法律责任。除此之外，国家还颁布了一系列规范性文件，主要从四个方面将价格法中的原则性规定作了细化，以加强执法实践的可操作性。一是对经营者的价格违法行为在认定和处理方面做出了明确的规定。如 1995 年制定的《制止谋取暴利的暂行规定》、1999 年制定的《关于制止低价倾销行为的规定》、2001 年制定的《关于商品和服务实行明码标价的规定》、2002 年制定的《禁止价格欺诈行为的规定》、2003 年制定的《制止价格垄断行为暂行规定》等。二是对经营者拒不改正价格违法行为、据不履行行政处罚决定的违反第二性义务的行为做出了明确的规定。如 2001

年制定的《关于责令营业者暂停相关营业的规定》、2002 年制定的《价格主管部门公告价格违法行为的规定》和《责令价格违法经营者停业整顿的规定》、2002 年制定的《价格主管部门提请工商行政管理部门吊销价格违法经营者营业执照的规定》等。三是在规范价格主管部门工作人员的执法行为方面做出了更为明确的规定。如 2000 年制定的《价格监督检查管辖规定》、2001 年制定的《价格主管部门案件审理委员会工作规则》、2002 年制定的《价格行政处罚程序规定》、2004 年制定的《价格违法行为举报规定》、2005 年制定的《价格监督检查案卷管理规定》等。四是在规范价格主管部门的定价行为、提高价格工作透明度方面做出了明确的规定。如 2001 年制定的《政府价格决策听政暂行办法》、2006 年制定的《政府制定价格行为规则》等。

在这一阶段，有关价格宏观调控的一系列法律法规相继出台，从 1993 年实施的《反不正当竞争法》《消费者权益保护法》，2002 年施行的《反倾销条例》《反补贴条例》，再到 2008 年生效的《反垄断法》，我国的价格宏观调控制度日臻完善，基本形成了一套以《价格法》为中心的价格宏观调控法律体系。

二、我国现行价格宏观调控法律制度的主要内容

我国价格宏观调控法律制度的渊源主要是价格法。价格法有广义与狭义之分。广义的价格法是指一切调整基于价格

而产生的各种社会关系的法律规范的总称。① 它分为三个层次：一是由全国人大常委会制定的《中华人民共和国价格法》，以及全国人大常委会制定的其他规范价格行为的法律；二是根据《价格法》，由国务院制定的有关价格行为的基本准则的价格法规；三是根据《价格法》和价格行为基本准则，针对价格规范和调控的具体对象，由国务院价格主管部门和国务院其他有关部门制定的具体价格规章，以及地方各级立法机关制定的规范性文件。狭义的价格法仅指全国人大常委会通过的《价格法》，本节在此意义上使用《价格法》，而以价格法指称广义的价格法。

根据我国价格法以及前文对价格宏观调控、价格宏观调控法律制度的论述，我国现行的价格宏观调控法律制度包括政府定价制度、价格监测制度、重要商品储备制度、价格调节基金制度、保护价格制度以及价格干预措施和价格紧急措施。

（一）政府定价制度

政府定价是政府对价格进行宏观调控的一项重要内容，它直接关系到市场价格的形成。政府定价是指按照价格法的规定，政府价格主管部门或者其他有关部门，依照定价权限和范围制定政府定价和政府指导价。其中，政府定价是由政

① 漆多俊．宏观调控法研究［M］．北京：中国方正出版社，2002：350.

府直接决定商品和服务的价格；政府指导价是由政府价格主管部门或其他有关部门，按照定价权限和范围规定基准价及其浮动幅度，指导经营者制定的价格。①

政府定价制度在我国《价格法》《价格管理条例》② 以及《政府制定价格行为规则》③ 等法律法规中作了相应规定，主要有以下内容。

1. 政府定价的范围

根据价格法的规定，我国目前实行政府定价和政府指导价的商品和服务价格包括：(1) 与国民经济发展和人民生活关系重大的极少数商品价格；(2) 资源稀缺的少数商品价格；(3) 自然垄断经营的商品价格；(4) 重要的公用事业价格；(5) 重要的公益性服务价格。这五类商品和服务一般都是供给弹性小或需求弹性小、自然垄断性强、对生产和生活影响较大的商品和服务。对这部分商品和服务的价格由政府直接管理，有利于物价稳定和经济持续发展。

2. 政府定价权限划分

政府定价权限的划分，以中央的和地方的定价目录为依

---

① 李昌麒．经济法学［M］．北京：中国政法大学出版社，2017：400.

② 《中华人民共和国价格管理条例》，国务院 1987 年 9 月 11 日颁布，1987 年 9 月 11 日起实施。

③ 《政府制定价格行为规则》，国家发展和改革委员会令第 44 号，2006 年 3 月 17 日颁布，2006 年 5 月 1 日起施行。

据。中央定价目录由国务院价格主管部门制定、修订，报国务院批准后公布；地方定价目录由省、自治区、直辖市人民政府价格主管部门按照中央定价目录规定的定价权限和具体适用范围制定，经本级人民政府审核同意，报国务院价格主管部门审定后公布；省、自治区、直辖市人民政府以下各级地方人民政府不得制定定价目录。

国务院价格主管部门和其他有关部门，按照中央定价目录规定的定价权限和具体适用范围制定政府指导价、政府定价；其中重要的商品和服务价格的政府指导价、政府定价，应当按照规定经国务院批准；省、自治区、直辖市人民政府价格主管部门和其他有关部门，应当按照地方定价目录规定的定价权限和具体适用范围制定在本地区执行的政府指导价、政府定价；市、县人民政府可以根据省、自治区、直辖市人民政府的授权，按照地方定价目录规定的定价权限和具体适用范围制定在本地区执行的政府指导价、政府定价。

3. 政府定价的依据

根据价格法的规定，政府定价的依据包括：（1）有关商品或者服务的社会平均成本和市场供求状况。政府定价应当依据有关商品或者服务的社会平均成本，而不是依据某一商品或者服务的个别成本。同时，还要依据商品或服务的供求状况来决定。（2）国民经济与社会发展要求以及社会承受能力。政府管理价格，一方面要注意保护经营者的利益，另一方面要从宏观上注意如何才能有利于国民经济和社会的发展。(3) 商品或者服务价格与国际市场价格联系紧密的，可以参考国际市场价格。

4. 政府定价的程序

政府定价不仅要遵循法定的管理权限和依据，而且必须执行法律规定的定价程序。政府指导价和政府定价的制定和调整一般遵循以下程序。

(1) 政府定价的启动。一般情况下，由定价机关根据经济社会发展情况以及社会各方面的反映适时制定价格。消费者、经营者及有关方面（如行业主管部门、行业协会、消费者协会等）可以向定价机关提出制定价格的建议。

(2) 政府定价的调查评审。定价机关制定价格时，应当开展价格、成本调查；制定专业技术性较强的商品和服务价格时，定价机关应当聘请有关方面的专家进行论证；政府定价应当听取消费者、经营者和有关方面的意见。对于制定关系群众切身利益的公用事业价格、公益性服务价格、自然垄断经营的商品价格等，应当建立听证会制度。

(3) 形成定价方案并审议。经过上述程序后，应当形成制订价格的方案。方案应当载明以下内容：现行价格和拟制定的价格、单位调价幅度；制定价格的依据和理由；经过成本监审的，附成本监审报告；制定价格后对相关行业和消费者的影响；经过专家论证的，附专家论证意见纪要；消费者、经营者和有关方面的意见；经过听证的，附听证会纪要；价格的执行时间和范围。制定价格的方案原则上实行集体审议制。

(4) 申请批准。国务院价格主管部门和其他部门制定重要的商品和服务价格，应当按照规定报国务院批准；定价机关是行业主管部门的，作出定价决定前应当书面征求同级价格主管部门的意见。

(5) 公布。除涉及国家秘密外，制定价格的决定作出后，由作出决定的定价机关在指定的报刊、网站等媒体上向社会公布。

(6) 跟踪调查与监测。制定价格的决定实施后，定价机关应当对价格决定执行情况进行跟踪调查和监测。跟踪调查和监测的内容应当包括：价格的执行情况，执行中存在的问题；企业经营状况、成本、劳动生产率和市场供求变化对价格的影响；相关商品或者服务市场供求状况和价格的变化情况；社会各方面对所制定价格的意见。

5. 法律责任。对法律责任的追究，分为对政府定价机关的法律责任和定价机关工作人员的法律责任。对地方各级人民政府或者各级人民政府有关部门违反《价格法》规定，超越定价权限和范围擅自制定、调整价格的，由政府价格主管部门责令改正，并可以通报批评。定价机关的工作人员在制定价格工作中有违法行为，构成犯罪的，依法追究刑事责任；尚不构成犯罪的，依法给予行政处分。

政府定价制度在我国实际经济生活中对价格的宏观调控有重要作用，如在价格总水平较快上涨期间，一方面严格控制政府提价项目的出台。如2004年实行“两条控制线”，对居民消费价格涨幅较高地区的政府调价项目进行适当控制。2007年5月以来，要求价格涨幅较高的地区严格控制出台政府提价项目，稳定政府定价和政府指导价水平。另一方面适当降低部分政府管理商品价格水平。例如，2003年“非典”期间，出台了降低航空煤油和汽、柴油价格，减免部分行业的行政事业性收费等措施。2008年2月降低了移动电话国内漫游通话费上限标准。在2008年年初南方部分省区遭受严重雨雪冰冻灾害时期，出台减免鲜活农产品销售环节收费、畅通“绿色通道”等措施，有效降低了生产经营成本。

（二）价格监测制度

价格监测制度是政府价格主管部门依据价格运行规律，对重要商品和服务价格的变动情况进行跟踪、采集、分析、预测的制度。价格宏观调控必须以价格监测、价格信息为基础。价格监测对于政府及时掌握市场价格信息，预测价格变动趋势，合理进行价格决策，在价格变动时及时稳定市场价格和价格总水平，保证价格调控目标的实现，具有积极作用。特别在重要节假日、重大价格改革措施出台前后及重大自然灾害时期，对于政府价格决策更具有重大意义。

价格监测制度在我国《价格法》《价格监测规定》① 等

① 《价格监测规定》，国家发展和改革委员会令第1号，2003年4月9日颁布，自2003年6月1日起施行。

法律法规中作了相应规定，主要有以下内容：

(1) 价格监测的对象。价格监测的对象主要有：重要商品和服务价格，以及相关成本与市场供求的变动情况；价格总水平的变动情况；国家重要经济政策在价格领域的反映等。

(2) 价格监测的主体及权限。国务院价格主管部门负责组织和协调全国价格监测工作，县级以上各级人民政府价格主管部门负责组织和协调本地区的价格监测工作。

(3) 价格监测的形式。价格监测以定点监测和周期性监测为基础，并开展专项调查、临时性调查、非定点监测等，加强对重要商品和服务价格的动态监测和变化趋势分析。

(4) 价格监测的程序。由政府价格主管部门根据价格监测报告制度的规定指定价格监测定点单位；政府价格主管部门及时收集价格信息资料并形成分析报告；县级以上各级人民政府价格主管部门要向同级人民政府和上级价格主管部门及时上报价格监测报告；向社会公布重要商品和服务价格监测信息。

(5) 法律责任。对法律责任的追究，分为对价格监测机构的法律责任和价格监测工作人员的法律责任。根据规定，价格监测机构不按价格监测报告制度规定组织实施价格调查、监测工作，造成不能及时、准确上报有关价格监测数据，严重影响全国或地区数据汇总的，由本级或上级价格主管部门责令改正，予以通报批评。必要时，上级价格主管部门可责令其对有关的价格监测项目停报整顿。对县级以上各级人民政府价格主管部门的价格监测工作人员的以下行为追究相应法律责任：不执行价格监测制度，影响价格监测工作的；上报价格数据错误较多，严重影响数据准确性和代表性的；玩忽职守、弄虚作假、瞒报、虚报或篡改价格数据资料，造成全国或地区汇总数据严重失实的。

（三）重要商品储备制度

重要商品，一般是指人民群众的主要食品、日常工业用品和防灾救灾物资等，如粮食、棉花、食盐、防洪物资以及原油，重要稀有金属等战略性物资。重要商品储备制度，是政府为平抑或稳定某些重要商品的市场价格，建立起这些商品的调节性库存，并通过吞吐库存来平衡市场供求，调控市场价格的管理制度。重要商品储备制度在我国有悠久的历史，早在汉武帝时期，为了压制商人资本，平抑物价，特别是粮食价格，国家就采取了著名的“平准”制度，① 即由国家出资在粮食收获时从农民手中购买并储备，在市价上涨时抛出，市价下跌时买回，以令市价保持正常水平。以后各个历史时期，这种相似的政策虽然分别被冠以“五均”“市易”“均输”等不同的名字，但基本的指导思想都在于通过在不同时期的买进卖出和吞吐库存，来调节市场供求，保持市场

① 安明静．平抑价格的两种思路——平准制度与期货交易的对比分析［J］．价格理论与实践，2000（6）：44.

物价的稳定。可以说，平准制度和平准思想，是重要商品储备制度的雏形。

重要商品储备制度的主要内容包括：第一，重要商品储备的设置层级。重要商品储备的设置层级可以分为中央和地方两级。中央政府对全国范围内的价格总水平调控负责，对某些重要商品的储备建立全国性库存。地方政府可以建立地方性重要商品储备。由于调控总水平的宏观性和建立重要商品储备制度的规模和资金要求，地方储备一般设立在省一级。省以下的部分县、市级政府，属于某些重要商品的主产地、主销地并且这些商品在本地的供求平衡对于稳定市场和社会具有重大意义的，也可以建立本级政府的重要商品储备。① 第二，重要商品的选择。政府选择储备的重要商品，一般应具有以下条件：一是对国计民生有重要意义；二是产销量大；三是商品的长期存储在技术上经济可行。② 第三，重要商品储备的使用。重要商品储备是为政府调控市场价格服务的，当储备商品的市场供给出现较大缺口，价格暴涨或有明显迹象可能出现价格暴涨时，要适时抛售储备商品，增加市场供给，平衡市场价格；反之，当供大于求、价格下滑时，要适时入市收购，转入储备，从而增加市场需求，维护

---

① 汪洋. 价格理论与价格管理［M］. 北京：中国物价出版社，2000：97.

② 温桂芳. 新市场价格学［M］. 北京：经济科学出版社，1999：267.

市场价格的稳定。目前，我国已经相继建立了粮食、棉花、食油、食糖等重要商品的储备制度,① 这对促进农业生产，保障市场供应，平抑市场价格，应对突发事件和重大自然灾害，发挥了重要的作用。

（四）价格调节基金制度

价格调节基金制度是政府为了调节商品供求，平抑市场价格而建立的专项基金。该项基金由广东省人民政府于1987年率先建立。当时由于广东省市场价格波动一直较大，1987年下半年，有关部门开始研究如何在市场调节价比重较大的情况下，主要使用经济手段来保持市场价格基本稳定的问题，并提出了建立副食品价格调节基金的意见和草案。这一举措被国家物价局所重视和肯定。1988年广东省政府开始正式筹集这项基金。同年，国务院在决定调整副食品价格时，要求在全国有条件的大中城市建立价格调节基金，以调节副食品的市场供求，平抑市场价格，维护副食品价格的基本稳定。此后国务院和国家有关部委相继多次发文，要求建立该制度。②《价格法》在第27条规定，政府可以设立价格调节基金，调控价格，稳定市场。这是确立价格调节基金制度的

---

① 漆多俊．经济法学［M］．北京：高等教育出版社，2010：480.

② 周春，蒋和胜．市场价格机制与生产要素价格研究［M］．成都：四川大学出版社，2006：176.

法律依据。

价格调节基金制度是针对少数容易发生价格波动而又关系国计民生的重要商品而设置的，包括的商品有粮、棉、油、肉、蛋、糖等农副产品。目前我国已经建立的价格调节基金主要有副食品价格调节基金、粮食价格调节基金、农业生产资料价格调节基金等。

价格调节基金一般是由地方政府设立专门机构负责收缴和使用。它的筹集主要通过财政拨付、罚没收入以及向社会某些行业、企业征收等渠道。价格调节基金主要用于平抑临时和突发性市场价格波动以及对重大节假日的副食品市场价格进行补贴；支持主要蔬菜基地和生猪、鸡、奶牛等畜禽基地建设；加强农贸市场和专业批发市场建设以及重要商品储备设施的建设等。

从我国各地建立的价格调节基金的情况来看，这项基金在抑制通货膨胀，保持人民生活必需品价格稳定，平抑重大节日和灾区市场物价波动，扶持生产，维护社会安定方面，发挥了日益明显的作用。

(五) 保护价格制度

《价格法》第 29 条规定："政府在粮食等重要农产品的市场购买价格过低时，可以在收购中实行保护价格，并采取相应的经济措施保证其实现。"这一规定勾画了我国保护价格制度的框架。保护价格制度是当粮食等重要农产品的市场购买价格过低时，政府可以在收购时制定一个旨在保护农民利益的合理价格，按照该价格收购重要农产品，从而保护农民的正当经济利益，保护他们的生产积极性。

我国是个农业大国，粮食等重要农产品每年的产量总额庞大，其收购价格直接制约着价格总水平的基本稳定。既涉及农民的物质利益，也影响着农民生产和生活，更关系到国民经济发展和社会稳定的大局。由于粮食等重要农产品的生产受自然条件和市场供求的双重制约，价格极易出现暴涨暴跌，从而引起生产的大起大落。因此，政府必须对农产品价格实行宏观调控，即在粮食丰收，收购价格过低时，对重要品种实行收购保护价格。

（六）价格干预措施

我国《价格法》对价格干预措施作了一般性规定，2003年由国家发改委颁布的《非常时期落实价格干预措施和紧急措施暂行办法》① 对价格干预措施作了进一步的规定。价格干预措施是指当重要商品和服务价格显著上涨或者有可能显著上涨时，国家基于稳定市场、稳定物价的特殊需要而采取的临时性干预措施。

具体来看，我国价格干预措施主要包括以下五个方面的

① 《非常时期落实价格干预措施和紧急措施暂行办法》，2003 年 10 月 28 日中华人民共和国国家发展和改革委员会令第 5 号，2004 年 1 月 1 日起实施。

内容：

（1）实施的条件。采取价格干预措施必须是在突发公共事件、严重自然灾害、战争、通货膨胀等非常时期，当重要商品和服务价格显著上涨或者有可能显著上涨，影响经济发展和国民经济正常运行，且采取一般措施（如重要商品储备制度、价格调节基金制度、保护价格等）不能保证价格稳定时。这是实施价格干预措施的前提条件。

（2）实施的范围。价格干预措施实施的范围只限于实行市场调节价的重要商品和服务的价格。至于重要商品和服务的具体范围，我国价格法没有做明确规定。

（3）实施的主体及权限。根据规定，在突发公共事件、严重自然灾害、战争、通货膨胀等非常时期，当重要商品和服务价格显著上涨或者有可能显著上涨，影响经济发展和国民经济正常运行时，由国务院价格主管部门或者省、自治区、直辖市价格主管部门向本级人民政府提出实行价格干预措施的建议；由国务院或者省、自治区、直辖市人民政府作出是否实行价格干预措施的决定，省、自治区、直辖市人民政府决定采取价格干预措施的，应当报国务院备案；由国务院价格主管部门负责全国范围内价格干预措施的落实，省、自治区、直辖市价格主管部门，负责价格干预措施在本行政区域范围内的落实。

（4）干预措施的种类。我国价格法规定的价格干预措施具体包括：限定差价率或者利润率。即当重要商品和服务的价格显著上涨或者有可能显著上涨时，政府通过限定经营者的进销差价率、批零差价率或者经营的利润率，从而控制价格的上涨①。规定限价，即当重要商品和服务的价格显著上涨或者有可能显著上涨时，政府对出售这些商品或提供服务规定一个价格的限度，经营者不得超过这一限度进行市场交易。提价申报制度，是指在一定时期内，为控制重要商品和服务价格的过高上涨，维护市场秩序，要求在这些重要商品和服务提价之前，经营者应当向当地价格部门申报，只有申报得到批准，方可提价，否则，就不能上调价格。调价备案制度，它的适用和操作程序与提价申报制度类似。不同的是提价申报是对提价理由的正当性进行审查。调价备案，是对调价理由和幅度的合理性保留干预的权力。② 可以说，其干预程度比前者稍弱。③ 具体是指经营者调价时，无须先报价格主管部门并获得批准，但须在规定时间内向价格主管部门报备调价情况。对于提价不当的，价格主管部门有权责令其不得提价、少提价或者推迟提价，经营者必须执行。但在规定时间内，价格主管部门没有提出异议的，备案视为同意，

---

① 由于“进销差价率”“批零差价率”“利润率”概念不属于本书讨论范围，故在此不作展开。

② 万鄂湘，张军．商事法律文件解读［M］．北京：人民法院出版社，2008（1）：45.

③ 汪洋．价格理论与价格管理［M］．北京：中国物价出版社，2000：101.

经营者可以提价。以上价格干预措施，可以单独使用，也可以合并使用。①

（5）干预措施的解除。依据《价格法》第32条的规定，引起商品和服务价格显著上涨的因素消除后，国务院价格主管部门或者省、自治区、直辖市价格主管部门应当按照有关程序和权限，建议本级人民政府及时解除价格干预，并对社会公告。

价格干预措施在实际执行中已多有运用。2003年，针对“非典”引发的价格异常波动，各地根据实际情况，对口罩、消毒液等商品原材料生产企业实行利润率控制，对原材料经营企业实行差价率控制，或者采取提价申报和调价备案措施。2007年5月开始，我国居民消费价格总水平出现较大幅度上涨，一部分重要商品价格已经明显上涨，一些企业趁机哄抬物价，不合理的涨价已经影响到社会的稳定。为此，经国务院批准，2008年1月国家发改委发布了《关于对部分重要商品及服务实行临时价格干预措施的实施办法》②，决定对达到一定规模的生产、经营企业实行提价申报；对达到一定规模的批发、零售企业实行调价备案。并明确了此次实行

① 李昌麒．经济法学［M］．北京：中国政法大学出版社，2017：404.

② 《关于对部分重要商品及服务实行临时价格干预措施的实施办法》，国家发展和改革委员会令第58号，2008年1月15日颁布实施。

提价申报和调价备案制度的品种范围主要是：成品粮及粮食制品、食用植物油、猪肉和牛羊肉及其制品、乳品、鸡蛋、液化石油气等居民基本生活必需品。“这是我国首次实施全国性的价格干预措施，它既是《价格法》颁布实施10周年来的第一次，也是改革开放30年来的第一次。”① 及时启动临时价格干预措施，防止相关商品和服务价格的不合理上涨，对保持价格总水平的基本稳定发挥了重要作用。

（七）价格紧急措施

价格紧急措施是在市场价格总水平出现剧烈波动时，国务院决定在全国范围内或部分区域内实施临时集中定价权限、部分或者全面冻结价格的制度。保持价格总水平的基本稳定是价格法的立法宗旨，也是国家重要的经济政策目标。但价格总水平实际上永远地处于变动之中，不可能静止不动。因此，价格总水平的小幅波动是正常的，但如果价格总水平在一定时期出现剧烈波动，可能给国家的经济基础和人民群众的日常生活造成严重的不利影响。因此价格法规定，在这种情况下政府可以出面干预。与价格干预措施相同，价格紧急措施在我国《价格法》及《非常时期落实价格干预措施和紧急措施暂行办法》中作了相应的规定。

具体来看，我国价格紧急措施主要包括以下五个方面的

① 林国光．价格干预措施及其影响——纪念价格改革三十周年［J］．发展研究．2008（11）：40.

内容：

(1) 实施的条件。采取价格紧急措施必须是在突发公共事件、严重自然灾害、战争、通货膨胀等非常时期，当价格总水平出现剧烈波动等异常状态，影响人民生活安定和社会稳定时。有学者将实施价格紧急措施的条件进一步表述为“采取其他一般价格调控措施难以见效，而且临时采取干预措施也为时已晚，如果不采取紧急措施就不能使市场价格恢复正常”。①

(2) 实施的范围。价格紧急措施适用于实行市场调节价、政府指导价和政府定价的商品和服务，并可以在全国范围内或者部分区域内实施。

(3) 实施的主体及权限。对于此，根据我国《价格法》第 31 条的规定，只有国务院有权决定并实施价格紧急措施。而在《非常时期落实价格干预措施和紧急措施暂行办法》中，省、自治区、直辖市人民政府也有权决定采取价格紧急措施。显然，《非常时期落实价格干预措施和紧急措施暂行办法》的相关规定与《价格法》相冲突。前者属于部门规章，后者是法律，根据法的位阶，价格法属于上位法，因此应以价格法的规定为准。

(4) 紧急措施的种类。根据规定，价格紧急措施具体包

---

① 刘定华，肖海军．宏观调控法律制度研究［M］．北京：人民法院出版社，2003：438.

括：①临时集中定价权限。它的主要内容是集中定价权限，集中的目的是由国务院或者所授权的部门加强对市场价格的控制，加大调控力度。集中定价权限的形式可以是，在市场调节价、政府指导价和政府定价之间，向政府指导价和政府定价方面集中；在政府指导价和政府定价之间向政府定价方面集中；在下级政府部门与上级政府部门定价权限之间向上级政府部门集中；在地方政府价格主管部门与中央人民政府价格主管部门定价权限之间向中央的主管部门集中。[①] ②部分或者全面冻结价格。是指在一定时期内，政府决定以强制的办法将商品或者服务的价格固定在当时的水平，不允许任何单位和个人随意降低或提高。“冻结价格不是冻结交易、不准买卖；经营者正常的生产经营活动仍可继续进行；冻结价格也不是要回归原始的异物交易，市场上的商品和服务仍在计价。”[②] 冻结价格可以是冻结一种或几种商品或服务的价格，也可以是冻结全部流通商品和服务的价格；可以在全国范围内实施，也可以在一个或几个省份内或一个省份的部分行政或经济区域实施。

（5）紧急措施的解除。依据《价格法》第32条的规定，引起价格总水平剧烈波动的因素消除后，应当及时解除价格

① 田燕苗．价格法解析［M］．北京：科学普及出版社，1998：119.

② 漆多俊．宏观调控法研究［M］．北京：中国方正出版社，2002：377.

紧急措施。

三、我国现行价格宏观调控法律制度存在的主要问题

我国初步建立的价格宏观调控法律制度，对规范政府价格宏观调控权的行使起了重要的作用。但同时也应看到，现有价格宏观调控法律制度的规定原则性强缺乏可操作性，并且过于简单，没有细化政府价格宏观调控行为的权限、程序、效力和责任。同时，作为价格宏观调控法律制度的主要依据《价格法》，囿于历史局限性，有些规定已经不合时宜。具体来看，我国价格宏观调控法律制度存在如下一些问题。

（一）政府定价制度存在的主要问题

我国政府定价制度虽然有了实体法的依据和程序上的规定，但仍然存在以下主要问题。

1. 政府定价形式本身的缺陷

我国现行价格法关于政府定价的规定，是我国从计划经济体制向社会主义市场经济体制转轨过程中的特殊产物，因此，难免带有计划经济的色彩。主要表现在：首先，政府定价是以计划经济的逻辑与理念为基础的。计划经济时期的价格调节包括指令性计划和指导性计划两种形式。关系国计民生大的，实行指令性计划；关系国计民生小的，实行指导性计划。政府定价属于指令性计划范畴，政府指导价属于指导性计划范畴。而从市场经济的逻辑与理念来说，政府直接制

定商品价格，不是考虑这种商品与国计民生的关系是大还是小，而应考虑该行业或该商品生产与流通是否存在“市场失灵”。如果存在“市场失灵”，政府就要介入，就要对价格进行调控，否则就应完全由市场调节。其次，在计划经济条件下，政府是社会经济活动的组织者，政府指令或指导经营者生产什么，生产多少，怎样生产；而在市场经济条件下，政府只是经济秩序和公共利益的维护者，只有关系到市场经济竞争秩序和宏观经济稳定以及公共利益维护的情况下，政府才能够介入市场经济运行。而除此之外的一切社会经济活动，都应交由市场调节。反映在价格决策上，实行政府指令性价格和指导性价格都不可能起到应有的作用。最后，由于政府定价以计划经济的逻辑与理念为基础，政府在制定政府定价和政府指导价时，必然是采用计划管理体制下的老办法，即企业上报定价或调价方案，政府有关部门审批。这既不可能反映市场的正常供求状况，又容易成为政府部门权力寻租的温床。

2. 政府定价范围的缺陷

价格法关于政府定价范围的规定缺乏可操作性。应当说，价格法关于政府定价范围的表述实际上在很大程度上仍然反映了计划经济的影子，反映了立法者在当时的立法背景下，力图全方位干预经济运行的指导思想。① 我国《价格法》第 18 条对政府定价范围的规定，只是一个大致范围的划定，过于宽泛，不够明确、具体，缺乏可操作性，且有些规定已经不合时宜。比如，对哪些商品属于与国民经济发展和人民生活关系重大的极少数商品，哪些商品属于资源稀缺的商品，都只是很模糊的概念，没有明确的界定；再比如钢材、煤炭等无不与国民经济发展关系重大，但目前这些商品的价格都已经放开或者已经与国际市场接轨；服装、交通工具等无不与人民生活关系重大，但其价格也早已经放开。对于这些商品已无须再由政府定价规定。“这种局限性为政府任意扩张定价范围提供了可能”，② 导致越权定价现象频频出现。

3. 政府定价程序的缺陷

虽然从制度设计上来看，价格法规定的定价程序为尽可能保证政府定价的科学性和合理性作了相关安排，但是，囿于现行价格宏观调控的实际，这些定价程序不可避免地存在诸多缺陷，主要表现在：首先，在政府定价、调价程序的启动上，只规定了定价机关根据客观情况适时制定价格，而消

---

① 郭宗杰．试论现行政府定价管理和价格宏观调控制度的缺陷及其现代化路径［A］．符启林．经济法争鸣［C］．北京：知识产权出版社，2006：76.

② 徐小平．政府定价行为的实证分析及其立法完善［J］．长白山学刊，2005（4）：30.

费者、经营者只享有建议权。也就是说，即使消费者、经营者有充分理由认为某项商品或服务的价格不合理，也只能被动接受，只能向定价机关提出定价或调价的建议。由于消费者、经营者处于弱势地位，他们的建议极有可能被定价机关搁置甚至拒绝。这既不利于对消费者、经营者利益的保护，更不利于对政府定价行为的规范。其次，价格法虽然规定了政府定价中的成本调查和审核制度，但由于现行价格管理的范围过宽，政府部门根本不可能对需要制定的价格的成本构成进行全面审核。因此，定价往往是价格主管部门与经营者之间的一个讨价过程，制度形同虚设。最后，价格听证制度的设计存在缺陷。价格听证是政府定价制度的核心，也是公众最关注的方面。虽然价格听证制度自设立以来对政府定价的形成发挥了重要作用，但仍然存在一些缺陷。例如，有关价格听证的主体、价格听证的范围、价格听证的效力等方面都有待完善。

（二）价格监测制度不完善

价格监测是政府价格主管部门对重要商品和服务价格的变动情况进行跟踪、采集、分析、预测、公布的活动。其意义在于方便政府及时掌握市场动态和价格趋势，以便及时调整调控措施，保证市场良性运行。我国价格监测制度存在以下两个缺陷：一是价格监测信息公布制度不合理。价格监测信息种类繁多，其中不可避免地牵涉国家秘密和商业秘密。

如果不加约束地任意发布这些价格监测信息，必然会对市场经济的稳定带来负面效应。二是价格监测组织力量薄弱，间接影响监测结果的质量。价格监测是一项繁杂的工作，工作量大，牵涉面广，必须建立起一套专业水平高、工作效率高、组织完善的体系。我国目前尚未建立起这样一支专业化组织，价格监测的各环节程序也未作详细规定。

（三）重要商品储备制度不完备

价格宏观调控的关键是维持价格总水平的稳定，即保持总供给与总需求的相对平衡。就我国目前的情况而言，在经济持续快速发展与深化体制改革的背景下，宏观经济失衡问题表现得突出而又复杂。因此，那些关乎国计民生的战略性商品的稳定供给显得意义重大。由此，重要商品储备制度建设的重要性日益凸显。市场供求状况直接决定价格水平，只有重要商品具备稳定的来源与供给制度，才能避免物价异常涨落。我国现行法律虽然规定了政府应当建立重要商品储备制度，但对储备品种、规模和资金来源等均缺少明确规定。“这就直接导致我国的商品储备体系不健全、储备种类偏少、储备规模偏小、储备决策速度慢等问题。”① 特别是在近年发生的全国物价结构性上涨中这个弊端暴露无遗。

---

① 孟庆瑜，盛莉婷．论价格运行中的政府职能及其价格制度完善［J］．价格月刊，2009（11）．

（四）价格干预措施存在的主要问题

价格法规定的价格干预措施在我国非常时期的确取得了一定的积极影响，但实践中仍然存在一些弊端，主要表现为：

（1）权力主体的设置不合理。我国《价格法》规定，有权决定并实施价格干预措施的是国务院和省、自治区、直辖市人民政府，而省级以下人民政府无权启动。实践证明，这样的权力主体设置，极有可能错过应对价格异动的最佳时机，不利于预防和控制价格异常上涨趋势的蔓延。

在经济转轨时期，由于市场发育不成熟，经营者行为不规范，法律制度不健全，以及自然灾害和突发事件等因素的影响，突发价格异动事件极有可能。如果此类价格异常情况出现在镇（乡）、县、市内部，若采取价格干预措施，得报经省一级政府批准，按审批程序，需要一定的时间，在紧急情况下，极有可能因此而贻误了时机，轻则可使个别人趁机囤积居奇，牟取暴利，造成部分商品脱销断档，影响市场供应；重则扰乱正常的生产和流通秩序，给人们造成恐慌心理，影响社会稳定。①

（2）对价格干预措施实施的条件“价格显著上涨或者有可能显著上涨”的规定过于笼统，缺乏量化标准。这样一

① 周玉能.《价格法》关于价格干预措施的规定应该修改［J］. 中国物价，2004（8）：56.

来，考量是否实施价格干预的决定就容易增大随意性，导致过度干预、不当干预，或者应干预而未干预。特别是我国地域辽阔，由于各地经济发展、收入水平、最低生活保障水平等的不同，人们对价格上涨的感受程度不同，因而对要不要实施价格干预措施的态度也不尽相同。据了解，经济较发达地区之所以对实施价格干预措施争议较多，其原因就在于，经济较发达地区对价格上涨的承受力较强，即使物价上涨幅度稍高，也认为没有必要进行干预。① 因此，有必要对价格"显著上涨"做出更明确具体的界定。

① 正直．实施价格干预措施四大困惑破解［J］．价格与市场，2008（10）：15.

第六章　完善我国价格宏观调控法律制度的思考

经过 40 年的改革开放，我国经济社会建设取得了举世瞩目的成就，我国的法制建设也步入了一个崭新的历史时期。如果说改革开放的前三十年我国法制建设的重点是构建社会主义法律体系，那么，在此后的一段时期内，法学界关注的重点将是各个部门法的完善与优化。就经济法学而言，基于价格机制在市场中的重要地位和作用，包括价格宏观调控法律制度在内的价格法的完善，将是经济法学者今后应当关注的一个重点课题。需说明的是，从减少立法的层次和成本以及法律体系的完整性出发，笔者并不主张就价格宏观调控法律制度制定诸如价格宏观调控条例等专门性的立法，而建议仍将其规定在《价格法》当中。因此，本章将根据前文的论述，提出对价格宏观调控法律制度完善的建议。

一、完善政府定价制度的建议

针对我国政府定价制度存在的问题，笔者建议从以下三个方面着手加以完善。

（一）合理界定定价范围

随着我国生产力水平的提高及客观情势的改变，对《价格法》规定的政府定价范围及定价目录要作适时的调整。如以前属于政府定价范围的商品，可能随着社会生产力的提高和新技术的应用，现在已不再是供给紧张的，需要政府进行价格控制的商品，对于这类商品就应交由市场调节。对于以前不属于政府定价范围的商品，尤其是一些资源性商品，如果不再纳入政府定价体系，由政府介入控制，本已稀缺的这类商品将会枯竭，这不利于我国经济的可持续发展。另外，在确定政府定价范围时，应当充分考虑相关商品的竞争性和调控成本。对于竞争充分的，不管是否属于关系国计民生的重要商品或者服务，也不管是否属于资源稀缺的商品项目，都可以交由市场调节。同时，由于我国是 WTO 成员方，根据我国加入 WTO 所签署的相关文件的规定，我国政府承诺实行政府定价的商品和服务仅涉及自然垄断经营的商品、公共产品和农产品三个方面。① 因此，在划定政府定价的范围及定价目录时，要根据实时情况进行必要的调整，既要考虑我国的国情，又要符合国际上政府定价的发展趋势。

---

① 根据我国加入 WTO 法律文件（中文标准版本）的《加入协定书》附件四《实行价格控制的产品和服务》。

（二）完善定价程序

为了保障消费者、经营者的调价建议权，规范政府定价行为，应当建立相应的调价启动审核程序。该程序应当遵循公正与效率原则。依据该程序，消费者与经营者可以向政府价格主管部门提出调价建议，并以书面形式提交依据和理由；政府价格主管部门在收到调价建议后应当及时审查，在法定的期限范围内决定是否受理：确定受理的，按规定程序办理，并应当在合理期限内告知建议人定调价决策；不予受理的，应当及时告知相对人并说明不予受理的理由；对于不在合理期限内给予答复的，上级主管机关有权责令定价机关限期给予答复，并有权对相关责任人给予行政处分。这样做的目的是确保消费者、经营者的意见建议能够得到充分的尊重和体现，也能督促价格主管部门适时调价。政府制定的价格决策直接影响到相关经营者与消费者的利益，消费者与经营者作为相对方更加深刻地了解到政府制定的某一价格是否合理，是否符合广大群众的切身利益，因此，建立公正与效率的调价启动审核程序是非常有必要的。

（三）完善价格听证制度

对于价格听证制度目前存在的问题，建议从以下方面进行完善：

首先，逐步扩大价格听证的适用范围。目前，各级政府价格主管部门发布的价格听证目录中的价格事项，普遍少于政府定价目录中的价格事项。对价格听证目录以外的价格事项，根据《价格法》第 22 条的规定，制定政府指导价、政府定价都应当听取消费者、经营者和有关方面的意见。因此，对于听证目录以外的价格事项也可以进行听证，尤其应将关系国计民生的重要商品和服务价格、公益、公用事业服务价格的制定或调整统一纳入价格听证范围。

其次，明确听证笔录的法律效力。我国并没有明确听证笔录的法律效力，只是规定行政机关应充分考虑听证的内容。这项规定不具有强制性，导致行政机关不按照听证笔录定价的事情时有发生，这也是为什么老百姓总称听证会为“涨价会”。因此，有必要建立案卷排他制度。“案卷排他制度是指行政机关的裁决只能以案卷作为根据，不能超越案卷范围，以当事人所未知悉的和未论证的事实作为根据。”①我国应当确定案卷排他原则，建议将《听证办法》第 26 条第 1 款修改为“定价机关作出定价决定时应当以听证会的意见为主要依据”。这样规定可以明确听证笔录的法律效力，使得听证笔录对行政机关具有明确的拘束力。

最后，健全听证参加人的遴选程序。政府价格主管部门应当建立科学、民主的价格听证代表选拔机制，使价格听证代表具有广泛性、民主性、专业性。除了广泛吸收人大代

① 王名扬．美国行政法［M］．北京：中国法制出版社，2005：489.

表、政协委员、价格管理部门代表和经营者外，还应该让更多来自不同行业、部门、地区的消费者参与听证。同时，还要注意吸收相当比例的，在经济、社会、行业技术和法律方面具有权威的专家学者参与听证，充分发挥专家学者在政府价格决策中的作用。逐步探索并吸收更多的外部听证人参与决策形成过程，以此增强政府定价行为的公信力。①

二、完善价格监测制度的建议

首先，扩大价格监测主体的范围。除价格主管部门外，国家相关经济主管部门，如农业部等，都应成为法定的价格监测主体。对价格监测主体，既要赋予法定的价格监测权，又要规定其必须承担提供规范而又真实的价格信息的义务。其次，应完善价格监测应急预警机制，更好地为规范市场秩序服务。价格监测预警能够及时发现价格异动的苗头，如遇到节日、抗震救灾以及大蒜、绿豆等农产品价格大幅波动期间，及时合理布点，采取紧急情况下的市场监测，随时报告分析市场情况，密切关注市场价格动态变化，以便于快速处理。同时，还要健全价格应急监测工作预案，完善市场巡查、应急值班、预警报告等各项监测预警工作制度，保证突发价格异动时能够迅速有序地对市场实施全方位的跟踪监

① 李亚，李富成．价格听证指南［M］．北京：中国经济出版社，2010：31.

测。再次，加强价格监测人员队伍建设，不断增强价格监测人员把握全局、服务决策的能力，反应敏锐预警预报的能力，善于研究出谋划策的能力和审时度势判断预测的能力，以适应新形势下价格监测工作的需要。最后，应充分发挥社会中间层在价格监测方面的重要作用。社会中间层对价格的影响表现为：一是有利于避免因信息不对称而导致的政府失灵；二是以权利制约权力，帮助政府“瘦身”，避免政府权力过分膨胀；三是增加政策的可接受性和执行效果。同时，我国应从实际情况出发，在现有基础上注重发挥行业协会组织的价格协调功能，积极开展价格政策宣传，及时传递价格信息，协调价格矛盾，积极参与市场价格监督与管理。如会计师事务所发挥其分析市场经济形势的能力，为政府价格决策提供数据参考，协助政府制定相关的价格政策。因此，应当在价格法及相关法律中对行业协会组织的价格参与职能予以明确规定和保障，并建议政府价格主管部门为行业协会提供价格参与方面的帮助。

三、完善重要商品储备制度的建议

作为宏观调控手段之一的重要商品储备制度，在稳定宏观经济、保障国家安全方面起到了极其重要的作用。通过前文的分析，笔者建议从以下几个方面着手完善我国的重要商品储备制度：

第一，建立重要物资如石油、液化石油气、天然气等的战略储备制度，这是国际上应对能源风险、确保能源安全的常规做法。然而我国目前还未建立这样的储备制度，导致我们在应对一些突发事件时调控手段不多，资源不够。在经济全球化和资源能源日益紧张的国际大背景下，有必要加快建立我国重要物资商业储备和战略储备制度，以增强国家宏观调控实力，提高抵御风险的能力。

第二，积极探索政府引导企业参与进行商业储备的重要商品储备新途径。具体来说就是各级政府应当制定必要的政策措施，对企业进行引导，并辅之以适当的资金支持，支持有实力的重点流通企业积极开展商业储备。同时，在运作层面上，必须区分不同的商品制定具体的政策措施。

第三，选择储备商品时应当考虑国家财政的承受能力。在选择储备物品种类时应当考虑财政资金的数量，并维持合理的储备规模。储备商品的品种与规模密切相关，在统筹储备物品的品种时要综合考虑各种要素：如储备商品生产周期的长短、进出口稳定性、对国民经济的重要性、对国际市场的依赖程度、供求状况等，在确定储备商品的规模时也必须加以考虑。

第四，储备商品要实行严格的管理制度。储备商品的动用应贯彻“谁储备、谁动用”的原则，鉴于目前突发性情况多数仅限于局部地区，下级地方政府储备不够需要上级政府支持的，下级政府应先向上级政府提交申请动用储备商品的报告，经上级政府部门批准后，由流通主管部门组织执行，任何企业、单位和个人不得擅自动用。对有保质期的商品，应当在保持储备总体规模不变并确保储备商品质量、安全、减少损耗的前提下，适时进行轮换更新，承储相关商品的企业必须及时将储备商品的更新、轮换情况报告主管部门。

四、完善价格干预措施的建议

对于价格干预措施，综合前述分析，笔者认为应在以下方面予以完善。

首先，要正确认识并坚持价格干预措施的“四性”原则。① 具体内容包括：（1）合法性。价格干预措施的实施条件、实施主体、实施程序、实施方式必须严格按照法律规定执行。（2）合理性。列入价格干预范围的是极少数价格上涨较多，与居民基本生产生活关系密切的重要商品。实行价格干预措施并不改变企业自主定价的性质，不是冻结价格，不得影响企业的正常生产经营活动。（3）临时性。价格干预措施是在价格显著上涨情形下采取的临时性措施，在价格显著上涨的情形消失后，就要及时解除。（4）辅助性。稳定价格从根本上说要靠发展生产，增加供给。采取价格干预措施，主要是规范市场秩序，为企业发展生产、增加供应和安定群众生活创造良好的外部环境。

---

① 周望军．理性看待临时价格干预措施［J］．中国经济周刊，2008（6）：13.

其次，合理配置价格干预权限，处理好全国性价格干预措施与地方性价格干预措施的关系。针对我国《价格法》将价格干预措施限于国务院和省、自治区、直辖市两级人民政府这一制度在实际应对中的缺陷。笔者建议，赋予省级以下政府在突发价格异动时期实施价格干预措施的权限，以更有效率、更及时地处理价格异常情况，维护区域经济的发展和社会稳定。对于各级政府的价格干预权限应当合理配置，给予与各级政府事权和财权相符合的价格干预权限。同时，要处理好全国性价格干预措施与地方性价格干预措施的关系。一方面，在决定采取全国性价格干预措施时，要考虑各地经济发展水平的不同，允许地方政府在执行过程中因地制宜，有所变通；另一方面，地方政府要根据当地市场价格水平的实际涨势情况，按照应有的权限，保证全国性价格干预措施的贯彻落实。

再次，明确实施价格干预措施的条件。价格上涨是实施价格干预措施的必要前提，那么价格上涨到什么程度才可以实施价格干预措施，是采取全国性的还是局部性的干预措施，应该有明确的规定。判定价格是否“显著上涨”，进而决定是否实施价格干预措施，至少要综合考虑这样几方面的因素：一是物价上涨率与经济发展的关系问题。就物价上涨率或通货膨胀率而言，一般都将物价上涨率即通货膨胀率上升至5%左右，定为适度或轻度通货膨胀，将7%至9%定为严重通货膨胀，若超过两位数则定为恶性通货膨胀。① 然而，世界各国因其经济基础、经济发展速度不同，对通货膨胀是轻是重判定的标准也颇不统一。经济发达国家如美国，因其经济基数大，如果其经济增长率达到4%以上，就是高速发展现象，其物价上涨率稳定在2%左右比较合适；如果也达到4%以上，就会被定义为严重的通货膨胀。就我国而言，因为经济底子薄、基础弱，经济增长率要高得多，相应地物价上涨率也会高一些。因此，在判断物价上涨程度时，一定要符合我国的国情。二是物价上涨率与社会承受力的关系问题。一般来讲，经济发展不同，收入水平不同，人们对物价上涨幅度的感受也不甚相同。如果随着经济的发展，人们的收入水平也普遍随之提高，或者建立起了物价上涨与提高困难群众生活补贴的联动机制，那么，社会对物价上涨的承受力就会高一些。三是局部与全局的关系问题。尽管我国初步建立了统一、竞争、有序的市场经济体制，但由于各地经济发展不堪均衡，譬如东部沿海地区经济发展较快，而西部地区经济发展相对较慢，两者消费、购买能力差别较大，对物价上涨的承受能力也不一致。同样的物价上涨幅度，有可能在经济发达地区属于正常的、必然的现象，而在经济欠发达地区却会让人们感到“难以承受”。因此，对价格是否“显

① 正直．实施价格干预措施四大困惑破解［J］．价格与市场，2008（10）：15.

著上涨”的判定标准就应有所区别，而不宜用一个模子去套。

最后，在具体价格干预措施的选择上，应尽量避免采取单一控制方式。① 在选择价格干预措施时，要根据客观情况及发展趋势，针对不同地区、不同类型的商品、不同的企业，选择运用限定差价率、限定利润率、规定限价、提价申报制度和调价备案制度。这些干预措施，可以单独运用，也可以组合使用，总之，不能简单地采取限价的干预方式。

① 周玉能．对关于价格干预措施的修改意见［J］．价格与市场，2005（1）：11.

结　语

价格是现代市场经济重要且敏感的因素，价格总水平的基本稳定和协调需要政府对价格进行必要的调节和控制。作为国家干预经济的一种形式，在现代法治化背景下，价格宏观调控及其立法的完善与否直接关系到价格宏观调控实施的效果。为此，价格宏观调控法律制度的研究是一个兼具理论与现实意义的课题。

对宏观调控语境下的“价格”要作广义的理解，它是市场价格总水平的体现，包括各种商品和服务的价格。由此，价格宏观调控不仅是指对价格总水平的调控，还包括为实现价格总水平的稳定而对具体商品和服务所进行的调控。由于价格本身就是一个涉及宏观和微观层面的因素，很容易模糊了其中的界限，因此，区分价格宏观调控、价格微观调控以及市场价格监管对我们划定价格宏观调控的边界具有重要意义。价格宏观调控与价格微观调控相比，区别在于二者的实施主体，前者由政府实施，而后者由企业或经营者自主决定；与市场价格监管相比，虽然二者都是由政府实施，但前者的对象是价格总水平，后者的对象是市场主体的具体价格行为。以上这些，都是我们确立价格宏观调控法律制度的认识基础。

价格宏观调控与价格宏观调控法律制度是两个相互联系又相互区别的概念。价格宏观调控是价格宏观调控法律制度的社会基础，也是价格宏观调控法律制度的调整对象，可以说价格宏观调控法律制度是价格宏观调控法治化的结果，是价格宏观调控的法律规范表达方式。然而，由于我国学界对价格宏观调控法律制度研究的薄弱以及价格宏观调控实践中大量调控政策的存在，模糊了政策与法律的边界，以至于学界对价格宏观调控法律制度的认识存在误区。这主要体现在：认为凡是国家采取的价格宏观调控措施都属于价格宏观调控法律制度；没有划清价格法与价格宏观调控法律制度之间的界限；归纳具体的价格宏观调控法律制度时标准把握不够准确。对于价格宏观调控法律制度的确定，不仅要以价格及价格宏观调控为认识基础，还要把握它存在的突出特点：其一，中央政府的主导性；其二，它既是授权法更是控权法；其三，它是实体性规范与程序性规范的结合。基于此，本书将价格宏观调控法律制度确定为政府定价制度、价格监测制度、重要商品储备制度、价格调节基金制度、保护价格制度以及非常时期的价格干预制度。

价格宏观调控法律制度的创设不仅仰仗现实的必要性，而且也必须凭借更深刻的学理支撑。笔者从经济学、政治学、法学的角度探讨了价格宏观调控法律制度的理论基础并认为：有限调控价格论已成为现代社会多数国家进行价格调控立法的经济学理论基础，因此需要法律制度来确保价格宏观调控的限度；在以市场经济为背景的当代社会，政治学理论不能不顾及政治、政府与市场发展之间的相关性与牵连性，实行市场经济体制的国家，再也不能置身于市场之外，它们必须摒弃传统观念中政治国家与市民社会互不干涉的法则，肩负起利用并治理市场经济的历史使命，适度介入市场，从而推动价格宏观调控的立法；在经济法学的理论中，国家干预与干预控权理论是构建价格宏观调控法律制度的直接理论支撑。在此基础上进一步探求价格宏观调控法律制度的价值取向为：实质公平价值、秩序和谐价值、社会整体效率价值、保障民生价值。

我国价格宏观调控发展的历史不长，与世界上发达资本主义国家相比，我们还处在初级阶段，在价格宏观调控的立法上，当然也就显得滞后。考察发达国家价格宏观调控法律制度的建设历程，我们可以得到以下启示：发达市场经济国家在价格宏观调控领域，一方面有完备的价格法律体系，其中详尽的法律条款增加了实践的可操作性，严格的法律责任增强了对违法行为的威慑力，农业的特殊立法加大了对农业的保护；另一方面又设立了专门的机构行使价格监督管理的权力；除此之外，在非常时期政府还会通过及时颁布法令来直接调控价格。

无论是对价格宏观调控法律制度一般理论的界定，还是探寻价格宏观调控法律制度的理论基础及其价值取向，抑或对发达国家价格宏观调控法律制度的考察及借鉴，它们的终点都是要回归到对我国价格宏观调控法律制度的讨论，这也是本书的主旨所在。虽然我国已经初步确立了政府定价制度、价格监测制度、重要商品储备制度、价格调节基金制度、保护价格制度、价格干预措施以及价格紧急措施，但其中存在的诸多问题也不容忽视。对于此，笔者从减少立法的层次和成本以及法律体系的完整性出发，不主张就价格宏观调控法律制度制定诸如价格宏观调控条例等专门性的立法，而建议对现行制度进行补充和完善，并针对现行价格宏观调控法律制度存在的问题提出了具体的完善建议。对于政府定价制度，笔者建议从合理界定定价范围、完善定价程序以及完善价格听证制度三方面进行完善。对于价格监测制度，笔者认为首先应扩大监测主体的范围，其次有必要建立并完善价格应急预警机制，最后还应充分发挥社会力量在价格监测方面的重要作用。对于重要商品储备制度，笔者建议随着经济的发展，应将石油、天然气等重要能源等纳入储备范畴；由于不同商品的特性不同，要区分不同商品采取针对性的储备制度；还要实行严格的储备制度，加大对储备制度实施中的规范。对于价格干预措施，笔者认为首先要坚持价格干预措施的合法性、合理性、临时性和辅助性；其次要合理配置价格干预权限，处理好全国性干预措施与地方性干预措施的关系；再次要明确实施价格干预措施的条件；最后，在具体价格干预措施的选择上，应尽量避免采取单一控制的方式。

价格宏观调控法律制度是一个相当广泛且复杂的问题，其复杂程度和需要研究的内容之丰富远非本书所能囊括。作为系统研究价格宏观调控法律制度的初次尝试，本书只能作一些初步的考察，意在确立一个价格宏观调控法律制度的初步框架，为今后的进一步深入研究奠定基础。

本书在写作安排上，未能凸显价格宏观调控法律制度的一些重点环节，如价格宏观调控主体法律制度、价格宏观调控运行法律制度等，而只是穿插于文中，这是笔者留下的一些遗憾。同时，由于笔者学识、能力、经验和时间有限，尤其是受实践经验和资料占有方面的限制，本书对我国现行价格宏观调控法律制度中存在的一些具体问题把握还不够到位，许多观点还未能认真锤炼，一些论证还显得粗浅，提出的一些建议也还有进一步深入讨论的空间。

诸多不当之处，恳请读者批评指正。